TODAY IS A NEW DAY!

この本の使い方は、あなた次第。
読書時間に、一通り読む。
日記のように、1日1ページずつ読み進める。
大好きなページを何度も読んで、不安を払いのける。
何かアドバイスがほしいとき、直感でページを開いてみる。
ベッドサイドに置いて、夢を膨らませる。
朝出かける前に1ページめくって、気持ちを整える。

この本が、
優しくあなたの背中を押してくれることを願って——

CCCメディアハウス

1/1

1年は365日ではなく、
365回の「新しい1日」が
あるということ。

Happy New Year !

1/2

決断の瞬間に、
運命は形づくられる。

——トニー・ロビンズ
（作家・コーチ・起業家）

It is in your moments of decision that your destiny is shaped.

1/3

日本帰国時の初詣は
いつも京都祇園の八坂神社に行く。
家族の健康と幸せ、そして商売繁盛を
本殿にお参りし
縁結びの「大国主社」と
美人祈願の「美御前社《うつくしごぜんしゃ》」にもお参りする。
お参りしただけで、成就したような気分。
晴々と境内をあとにした。

1/4

夢があふれる
コンクリートのジャングル
ここでできないことなんて何もない
今、あなたはニューヨークにいる。

——アリシア・キーズ（米国歌手）
「Empire state of mind」の歌詞より

Concrete jungle where dreams are made of
There's nothing you can't do
Now you're in New York

1/5

和食の美味しさ、美しさは世界の憧れ。
ニューヨークでは、彼女をデートに誘うなら
寿司がいいという言葉がある。

1/6

この世でいちばん素晴らしい色は、
あなた自身を輝かせる色。

——ココ・シャネル
（ファッションデザイナー）
1883-1971

The best color in the whole world is the one that looks good on you.

1/7

誰もが何かを目指して努力している。
夢があるから頑張れる。
何万分の1の確率でも
本当に叶えたい、達成したいという
思いがあれば
そこには必ず熱意や情熱があり、
それが原動力になる。
もし、何をしても三日坊主だとしたら
本気の前の憧れの段階なのかもしれない。
本気に火がついたら、もう誰も止められない。

1/8

幸せは香水のようなもの。
人に振りかけようとすると、
自分にも数滴かかる。

——ラルフ・ワルド・エマーソン
（思想家・詩人）
1803-1882

*Happiness is a perfume you cannot pour on others
without getting a few drops on yourself.*

1/9

朝起きたら辺り一面銀世界だった。
けたたましいクラクションの
イエローキャブが消えた街は
とても昨日と同じニューヨークとは
思えないほど静寂に満ちている。
スノーブーツを履いて
いつものカフェにコーヒーを買いに行くと
雪の日のサービスで、
焼きたてのプチフィナンシェを1つくれた。
いつもと同じようで、
いつもとは違う今日という日。
なんだかいいことがたくさん起こりそうな
予感がする。

1/10

Anything is possible.

「頑張ってね!」
「なんでもできるよ」
と誰かを応援する時に使う言葉。
「私、大丈夫かな……」
と弱気になっている時に
「Anything is possible!」
と声をかけてもらえたら、
弱気の虫が吹っ飛ぶ。
そして「そうよ。私なら絶対大丈夫」
と自信がわいてくる。
「どんなに難しくても夢は叶う」
と信じるアメリカ文化ならではの
自分自身にもかけてあげたい
素敵なフレーズ。

1/11

「花は最初から花だったわけではない」
という言葉をどこかで聞いた。
当たり前のことだけど、
「なるほど」と妙に納得した。
種をまき、芽が出るのを楽しみに
大切に育てる過程があってこその美しい花。
咲かないなら
何度でも種をまいて心を込めて育てよう。

1/12

幸せになりたい時は、
ホットケーキを食べる。
ふわふわのケーキに、
甘いメープルシロップをたっぷりかけて
その日の気分でバナナ、ブルーベリー、
ラズベリー、ナッツなどを添える。
夢中で味わっている間に、
憂うつな気分が消えていく。

1／13

この階段を上りたくて、
ここの最上階のレストランへ行く。
他のところなら「エレベーターでどうぞ」と
丁寧な対応が嬉しいけれど
ここだけは、上りも下りもあえての階段。
近未来にタイムスリップしたような
不思議な気分を楽しみながら。

1/14

女性の美しさは
年を経ることによってのみ育つ。

——オードリー・ヘプバーン（女優）
1929-1993

The beauty of a woman only grows with passing years.

1／15

カラフルなジェリービーンズ。
どの色もそれぞれ輝いている。
これは個性と同じ。
人とは違う自分色が
自分を輝かせる。

1／16

ニューヨークでは
爪をキレイに整えることは
お洒落のうちに入らない。
身なりを清潔に保つための
身だしなみのひとつである。
だから予約は不要。
男性客も多く性別は関係ない。
今日も両隣は男性だった。
さほど目につかないところを
プロにお手入れしてもらうって素敵だ。

1/17

人生において重要なのは
生きることであって、
生きた結果ではない。

――ヨハン・ヴォルフガング・フォン・
ゲーテ（詩人・小説家・政治家）
1749-1832

What is important in life is life, and not the result of life.

1/18

転んだら自力で立ち上がろう。
転んだことよりも
自ら立ち上がったことにフォーカスしよう。
どちらに注目するかで
転んだことがマイナスにも、
プラスにもなるから。

1/19

両親はいつも言ってくれたわ。
あなたは何にでもなれるのよって。

——キャロル・キング
（シンガーソングライター）

My parents always told me I could be anything I wanted to be.

1/20

バカラホテルのバーは、
シャンデリアもグラスも装飾品も
すべてバカラ製だ。

席についてすぐに出されたグラスの水を
指先まで神経を行き渡らせて飲んだ。
バカラバーのおかげで、
所作が美しくなった気がする。
たまには背伸びをした場所に出かけるのも
いいものだ。

1/21

ニューヨークでの素晴らしい一日とは、
目を覚まし
コーヒーを飲んで
素敵な散歩をするために
セントラルパークへ向かうこと。

——エマニュエル・シュリーキー（女優）

A great day in New York would be to wake up, get a cup of coffee and head up to Central Park for a nice walk.

1/22

自分の原点のような場所。
そんな場所があると、
いつも自分らしくいられる。

1/23

突然不安になって、
でも何が不安なのか分からない。
こんな気持ちになったことがある？
私がそうなった時には、
タクシーに飛び乗って
ティファニーに行くの。
するとすぐに落ち着くわ。

――映画『ティファニーで朝食を』より

Suddenly you're afraid and you don't know what you're afraid of.
Do you ever get that feeling? Well, when I get it the only thing that does
any good is to jump in a cab and go to Tiffany's. Calms me down right away.

1/24

もし君と僕がりんごを交換したら
持っているりんごはやはり、
ひとつずつだ。
でも、もし君と僕が
アイデアを交換したら
持っているアイデアは
2つずつになる。

——ジョージ・バーナード・ショー
（文学者・劇作家）
1856-1950

If you have an apple and I have an apple and we exchange these apples then you and I will still each have one apple. But if you have an idea and I have an idea and we exchange these ideas, then each of us will have two ideas.

1／25

ハイエンドの店が立ち並ぶ
ソーホーの雪の日は、
接客よりも雪かきが忙しい。
お客様がお店に入れない。
道行く人がツルッと滑っては一大事。
止むことなく降り続く雪の中で
黙々と雪かきをする人たちを見ていると
感動をおぼえる。
「今すべき目の前のことに集中する」。
これはすべてに共通することだと
気づかされる。

1/26

いつも笑顔で会いましょう。
笑顔は愛の始まりだから。

——マザー・テレサ（修道女）
1910-1997

Let us always meet each other with smile, for the smile is the beginning of love.

1/27

壁面はキャンバス。
シャッターもキャンバス。
ニューヨークはストリートアートが楽しい。

1/28

人生に失敗した人の多くは
諦めた時に
自分がどれほど成功に近づいていたか
気づかなかった人たちだ。

――トーマス・エジソン（発明家）
1847-1931

Many of life's failures are people who did not realize how close they were to success when they gave up.

1/29

雪が積もった日は、
子供も大人も外に飛び出す。
雪だるまを作るのは子供だけの特権ではなく
大人にとってもアートの時間。
青空とエンパイア・ステート・ビルディング
と雪だるま
冬の思い出の1枚が撮れた。

1/30

5番街の老舗百貨店ヘンリベンデル。
2019年1月に
123年の歴史の幕を閉じた。
ドラマ「ゴシップガール」の
ロケ地になるなど
ニューヨークを象徴する場所だった。

「終わりは始まり」
ヘンリベンデルの終わりは、
新しいニューヨークの象徴の誕生に
つながっていくはず。
何かが終われば、何かが始まる。

1/31

ファーマーズマーケットで
寒い部屋がパッと明るくなる
カラーを買った。
早速花言葉を調べて嬉しくなった。
華麗なる美「magnificent beauty」
乙女のしとやかさ「feminine modesty」
両方手に入れたような気分になった。

2/1

君を愛するために
僕は生まれた。

――クイーン
「I Was Born To Love You」の歌詞より

I was born to love you.

2/2

ニューヨーカーはオープンマインド。
世界を広げるきっかけを自分で狭めない。

2/3

女性をデートに誘いたい時、
ライバルが10本のバラを贈ったら
君は15本のバラを贈るかい？
そう思った時点で君の負けだよ。
ライバルが何をしようが関係ない。
その女性が本当に望むことを
見極めるのが大切なんだ。

――スティーブ・ジョブズ
（アップル社の創業者）
1955-2011

When you want to have a date with a girl, are you going to send her 15 roses
if you know that your rival is sending her 10 roses?
If you would think so, you will be defeated on that moment.
Whatever your rival does, is not what matters. What does that girl really want?

2/4

初めてのニューヨークは鉄道の旅であった。
ボストンから電車で到着し、
美しい駅舎に感動したあの時
まさか自分の未来が
ここにつながっているとは
想像すらしなかった。
未来は予測できないほどの
可能性を秘めている。

2/5

不平を言わない。
言い訳をしない。

——キャサリン・ヘプバーン（女優）
1907-2003

Never complain. Never explain.

2/6

日本からニューヨークに戻った日、
友人から愛らしいメッセージが届いた。

You brought the nice weather with you.

私が戻った途端に空が晴れ
太陽が久しぶりに顔をのぞかせたらしい。
チャーミングな文章に笑顔になった。

2/7

快活さと
明るい気分というものは、
使えば使うほど残りは多くなる。

——ラルフ・ワルド・エマーソン
（思想家・詩人）
1803-1882

So of cheerfulness, or a good temper, the more it is spent, the more of it remains.

2/8

彼が好む女性になれば
もっと愛され
もっと大切にされるはず。
そう思って自分を変え始めると
幸せは重苦しいものになっていく。

2/9

空はいつも自分を見守ってくれる。
どこに居ても
必ず側にいる。

2／10

初デートで何を着るか迷ったら
世界中の男性がセクシーだと思う赤がいい。
だからニューヨークでは
赤いドレスから売れていく。

2／11

旅の楽しみの1つは、書店に立ち寄ること。
ディスプレイを見るだけで
その国、その土地らしさが伝わってくる。
言語は分からなくても、
心で感じるものがある。

2／12

準備しておこう。
チャンスはいつか訪れるものだ。

——エイブラハム・リンカーン
（第16代アメリカ大統領）
1809-1865

I will prepare and some day my chance will come.

2／13

イエローキャブの中では
ターバンを巻いたドライバーが
ヒンディー語で電話をしている。
ラジオからは曲紹介をする
パーソナリティーの英語が聞こえてくる。
後部座席に座った私は
日本からのメールを読みながら
狭い車内に世界を感じた。

2／14

バレンタインデーの夜、
真っ赤なライトアップが夜空に輝く。
恋人がいても、いなくても
見る人みんなを幸せにしてくれる。

2/15

愛こそすべて。

——ジョン・レノン（ミュージシャン）
1940-1980

All you need is love.

2／16

壁に出合う度に
「これは単に試されているのだ」

と捉えよう。

絶対に乗り越えられる。

自分を信じて。

2／17

錦上添花《きんじょうてんか》
雪中送炭《せっちゅうそうたん》

華やかで楽しい場に
さらに華やぐ花を送るよりも、
寒くて厳しい雪に見舞われ苦しい時に
暖を取るための炭を送ることこそ、
真の友情である。

――中国の故事より

2／18

人生は恐れなければ
とても素晴らしいものなんだよ。
人生に必要なもの
それは勇気と想像力…
そして少しのお金だ。

――チャールズ・チャップリン
（喜劇役者）1889-1977

Life can be wonderful... if you're not afraid of it.
All it needs is courage, imagination... and a little dough.

2／19

「信頼が厚い」とは
人の心が集まっていること。
人の興味や視線を集める人よりも
人の心が集まる人こそが
本当に美しい人。

2/20

自分のことを
選択肢の1つとして扱う人を
最優先にしてはいけない。

——マーク・トウェイン（作家）
1835-1910

Never allow someone to be your priority
while allowing yourself to be their option.

2/21

クローゼットに夢をかけよう。
夢見心地になれる小物を置こう。
最悪な出来事があった日は
クローゼットを開ければ笑顔が戻る。

2/22

友人が素敵なデートの話をしてくれた。
セントラルパーク内の
美しいレストランへ行き、
帰りは外に待たせていた馬車に乗って
セントラルパークを周ったそうだ。
なんてロマンチックなんだろう。
夢のようなサプライズは
彼の誠実な愛情を伝えていた。

2/23

自分の中に
見たい気持ちさえあれば
いつだって美しい花を
見ることができる。

――アンリ・マティス（画家）
1869-1954

There are always flowers for those who want to see them.

2/24

雲は私の人生に浮かんでくる。
雨を降らせ、嵐をまねくためではなく
私の夕焼けに鮮やかな色を
添えるためだ。

——ラビンドラナート・タゴール
（詩人）1861-1941

Clouds come floating into my life, no longer to carry rain or usher storm, but to add color to my sunset sky.

2/25

たまには自分を緩めることも大切。
食べたいものを好きなだけ味わえば
明日へのエネルギーが溢れてくる。

2/26

新年の抱負がいきなり挫折してしまったら
旧正月の春節で仕切り直して
心新たにスタートしよう。
今度はきっとうまくいく。

2/27

自分のための時間をつくろう。

Make time for yourself.

2/28

誰もが
今この瞬間が
未来に影響を及ぼす
一瞬であることを知っている。

——スティーブ・ジョブズ
（アップル社の創業者）
1955-2011

Everyone here has the sense that right now is one of those moments when we are influencing the future.

3/1

人は心がまえを変えることによって
人生を変えることができる。
これは、私たちの時代における
最大の発見である。

——ウィリアム・ジェームズ（哲学者）
1842-1910

*The greatest discovery of my generation is that
a human being can alter his life by altering his attitudes.*

3/2

今、努力していることは
必ず将来につながっていく。
人生に無駄なことは1つもない。
失敗は学びを与え、
迷いは決断力を磨いてくれる。

3/3

ちょこんと可愛いミニチュアのひな人形。
何歳になっても
女の子のお祭りを祝いたい。

3/4

「これは自分に必要なこと？」
競争社会に振り回されないために
自分にとっての必要、不要を見極めて。

3/5

最初の一歩が
いちばん難しい。

——西洋のことわざ

The first step is always the hardest.

3/6

考えてもみてよ。
シングルでいる限り
卒業式以降祝ってもらえる機会が
まったくないわ。
「ダメ男と結婚しちゃわなくて
おめでとう！」
っていうカードも売ってないしね。

――TVドラマ
「Sex and the City」より

Think about it. If you are single, after graduation there isn't one occasion where people celebrate you.... Hallmark doesn't make a "congratulations, you didn't marry the wrong guy" card.

3/7

他人と自分を比較しない。
他人の視線や意見におびえない。
たったこれだけで
凛とした自分になれる。

3/8

人生とは
自分を見つけることではない。
人生とは
自分を創造することである。

——ジョージ・バーナード・ショー
（文学者・劇作家）
1856-1950

Life isn't about finding yourself. Life is about creating yourself.

3/9

花の可愛らしさと香りに誘われて
ショッピング。
自由にもらえる花だと聞いて
あとで再び立ち寄った。

3／10

笑顔になれるきっかけを探そう。

Find a reason to smile.

3/11

愛とは
お互いを見つめ合うことではなく、
共に同じ方向を見つめることである。

——サン=テグジュペリ（作家）
1900-1944

Love does not consist in gazing at each other
but in looking outward together in the same direction.

3／12

心が折れる出来事に遭遇すると
心は折れるどころか強くなる。
そしていつしか
「心が折れそう」という言葉が
自分の中の辞書から消えてなくなる。

3／13

毎日
あなたが恐れていることを
1つ行いなさい。

——エレノア・ルーズベルト
（第32代アメリカ大統領
フランクリン・ルーズベルトの妻）
1884-1962

Do one thing every day that scares you.

3/14

イースターのうさぎと
セント・パトリックス・デーの
四つ葉のクローバーでにぎやかな
3月のニューヨーク。

一歩家を出れば、
楽しいことがたくさん見つかる。

3／15

物事は良くなっていくから
強く在りなさい。
今は嵐かもしれないけれど
永遠に降る雨はない。

——作者不明

Be strong because things will get better.
It may be stormy now, but it never rains forever.

3／16

シンデレラが証拠よ。
靴は人生を変える。

——作者不明

Cinderella is proof that a new pair of shoes really can change your life.

3／17

アイルランド系の友人に誘われて、
セント・パトリックス・デーの
お祭りへ行った。
現地からやって来た有名なバンドが
舞台の上で民族音楽を演奏し、
人々はビールを片手に大声で歌っている。
年齢性別関係なく、
みんながひとつになれるって
なんて素敵なことなんだろう。

3／18

あなたは選択することができる。

You can choose.

3／19

きっと全部うまくいくよ！

Everything is going to be alright!

3/20

しがみつくことで
強くなれると考える者もいる。
しかし、時には手放すことで
強くなれるのだ。

――ヘルマン・ヘッセ（作家）
1877-1962

Some of us think holding on makes us strong; but sometimes it is letting go.

3／21

悩みがあるのは
真剣に生きている証拠。
悩みがあるから考え、
行動し、失敗し、学び
そして成長する。

3／22

カフェの壁に描かれているのは
伝説のファッション・エディター
アンナ・ピアッジ（1932-2012）。
80代になっても毎日現役で働く
超一流のスタイリストでもあった。
自分の「好き」が、自分の「仕事」であり、
それを極めた生き方が
私たちに自分を信じることの大切さを
教えてくれる。

3／23

不幸を治す薬は
希望より外にない。

――ウィリアム・シェイクスピア（劇作家）
1564-1616

The miserable have no other medicine but only hope.

3/24

スマートフォンをOFFにして
今、目の前に広がる
ドラマチックな現実の世界を見渡そう。

3／25

美しい人に美の秘訣を聞いてみると
アボカド、ココナッツ
適度な運動、バランスの良い食事
そして、たっぷりの睡眠とお水だと
教えてくれた。
誰もが美しくなれる「美の秘訣」であった。

3/26

1日1つ
何か心に響くものを見つけよう。
そうやって毎日を輝かせていこう。

3/27

渡辺謙さん主演の
ブロードウェイミュージカル「王様と私」。
聴衆を魅了する自信と輝きの裏にある努力に、
感動で涙があふれた。
ただひたすらに努力を続けることの大切さが
心に突き刺さる。
自分へのご褒美に買ったチケットは、
計り知れない価値となった。

3／28

１つ買うのも、３つ買うのも同じだからと
３つ買って必ず１つくれる友人がいる。
１つは自分に
１つは目の前の友人に
そしてもう１つは必要とする誰かに。

3/29

考えは豊かに
見た目は貧しく。

――アンディ・ウォーホル（画家）
1928-1987

Think rich, look poor.

3/30

色とりどりのチューリップが
春がすぐそこまで来ていることを
知らせてくれる。

春になったら何をしようかな。

3/31

裏切った人のことばかり考えないで
支えてくれている人を大切に。

4/1

今日という日を楽しもう!

Enjoy today!

4/2

ネガティブなレッテルを貼られたら
自分で静かに剥がそう。
自分の価値は、自分で認めていればいい。

4/3

才能は静かな場所で成長し
人格は人生の激流の中で成長する。

——ヨハン・ヴォルフガング・フォン・ゲーテ（詩人・小説家・政治家）
1749-1832

Talent develops in quiet places, character in the full current of human life.

4/4

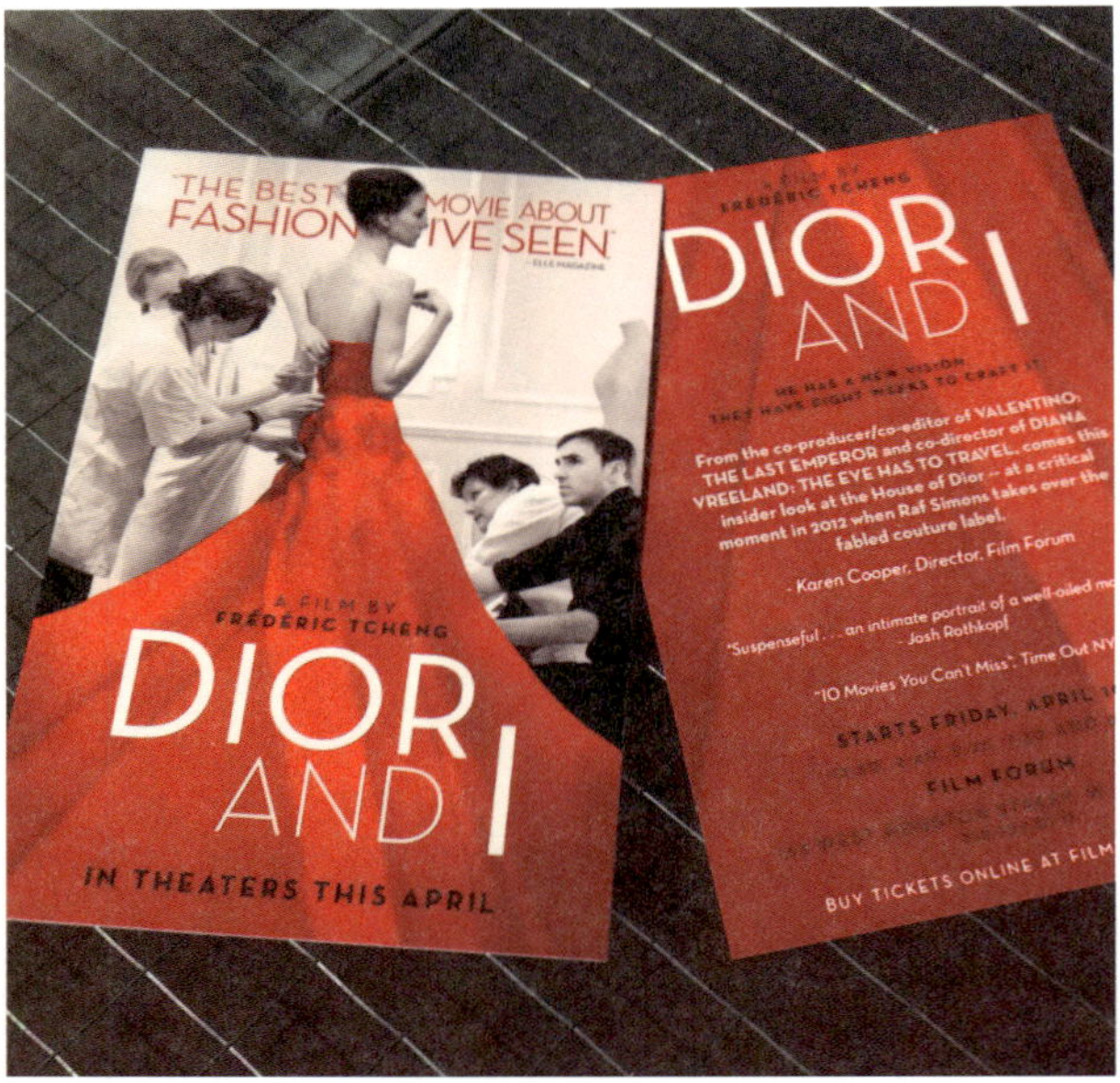

私は諦めたくない。
最初のモデルがショーのステージに
立つまでは絶対に諦めない。

——映画『ディオールと私』より

I don't want to give up. I never give up, until the first girl is on stage.

4/5

辛かったことを
涙を流さず話せるようになったら
もう大丈夫だという証拠。

4/6

友人を得る唯一の方法は
自分がその人の友人になること。

——ラルフ・ワルド・エマーソン
（思想家・詩人）
1803-1882

The only way to have a friend is to be one.

4/7

楽観主義者はドーナツを見て
悲観主義者はその穴を見る。

——オスカー・ワイルド（詩人・作家）
1854-1900

The optimist sees the doughnut, the pessimist sees the hole.

4/8

夢を実現するのに、
何から手をつけていいか分からない。
そんな時は、毎日1つずつ調べよう。
1年後にはきっと夢をかなえる
計画書が書ける。

4/9

女は40を過ぎて初めておもしろくなる。

——ココ・シャネル
（ファッションデザイナー）
1883-1971

A woman does not become interesting until she is over 40.

4/10

あなたが心配するほど
人はあなたのことをなんとも思っていない。
だから、人の心を深読みしたりせず、
いつも本当の自分でいたらいいんだよ。

4／11

休暇がたくさん取れる仕事よりも、
逃げ出したくならない仕事を選ぼう。

4/12

孤独とは自立だ。

――ヘルマン・ヘッセ（作家）
1877-1962

Solitude is independence.

4／13

自分を最優先にすることは
わがままなことじゃない。
必要なこと。

4／14

神経がすり減ってクタクタになった時、
私を元気にしてくれる魔法の1冊。
美味しそうな料理ときれいな食卓。
目で見て、心で感じる本もいいものだ。

4/15

都合のいい時だけでなく
どんな時も愛してくれる
そんな人と一緒にいよう。

――作者不明

Spend your time with those who love you unconditionally,
not with those who only love you under certain conditions.

4/16

道を間違えたら
引き返せばいい。
行ったり来たり
何回だって、チャレンジできる。

4／17

本当の美しさとは
心の純粋さの中にある。

――マハトマ・ガンディー（宗教家）
1869-1948

True beauty lies in purity of the heart.

4／18

今日はちょっぴりお洒落をして出かけよう。
出かける前に鏡の前でニッコリ微笑めば
気分は上々。

4/19

新しい本は
まだ会ったことのない
友人のようなものだ。

——エイブラハム・リンカーン
（第16代アメリカ大統領）
1809-1865

A new book is like a friend that I have yet to meet.

4／20

結果を心配するよりも
行いに自信を持とう。
この心の在り方が、いい結果につながる。

4／21

人間関係は時の経過と共に変化する。
これは、お互いが成長したということ。
今は共通点が減り疎遠になっても、
未来は分からない。
またいつか共通点で結ばれた、
心地好い関係が戻ってくるかもしれない。
その日を楽しみにしよう。

4/22

地球は人間のものではない。
人間が地球の一部なんだよ。

Earth does not belong to us;
we belong to earth.

4/23

新しいリップを買いに
デパートの化粧品売り場へ行くと
大きな水槽で泳ぐ小さな魚が目に入った。
まるでグレート・バリア・リーフの
サンゴ礁で泳ぐニモのよう。
友人サラの4歳の息子ジョンが
きっと喜ぶだろうと思い
写真を撮って送ってあげた。
感動をシェアするって楽しい。

4/24

メトロポリタン美術館で開催されていた
特別展「源氏物語」。
私は自分のルーツを感じながら、
丹念に観てまわった。
美しい手書きの原稿や
その時代の美術品に魅了され
開催中3度も足を運んだ。

4/25

たったひとつの敗北を、
決定的な敗北と勘違いしては
ならない。

——スコット・フィッツジェラルド
(小説家) 1896-1940

Never confuse a single defeat with a final defeat.

4/26

「桜が咲いた」と友人から
メッセージが届いた。
長く寒い冬がようやく終わったようだ。
合格通知を受け取った受験生たちのように
飛び上がりたいほど嬉しかった。

4/27

視野を広げよう。

Expand your view.

4／28

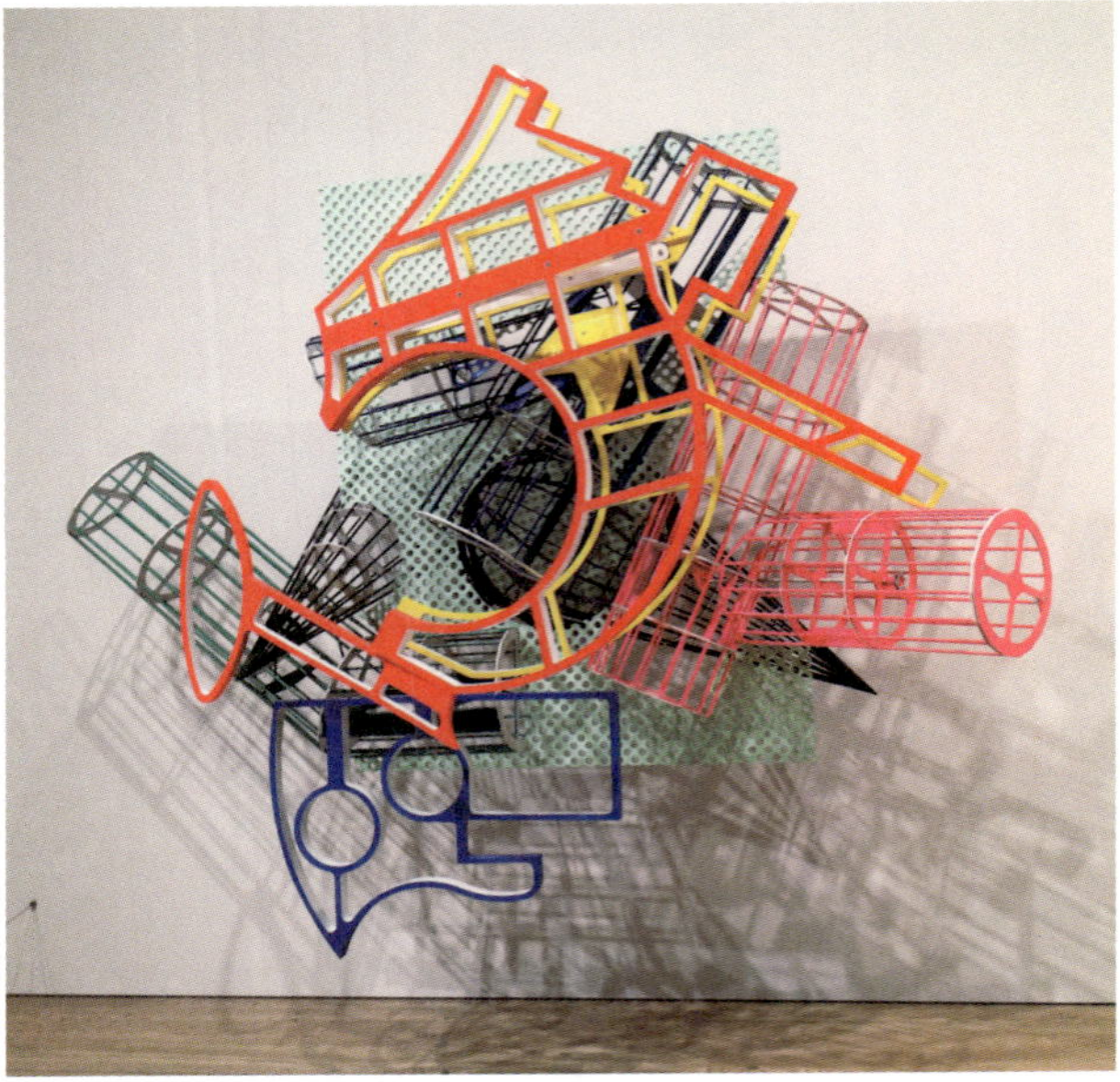

物事は多方面から考えよう。
表があれば裏がある。

4/29

大人の心地好い人間関係は
共通点で結ばれている。
共通したことだけを一緒に楽しむ関係。
どんなに気が合う相手でも、
そこから大きく外れて仲良くしようとすると
「合わない」が浮き彫りになる。
深く仲良くなるには、
共通点を増やしていくこと。
結びつきが増えると、
一緒に過ごす時間がもっと楽しくなっていく。

4/30

中傷への最高の返答は
黙々とすべきことを
遂行することだ。

――ジョージ・ワシントン
（初代アメリカ大統領）
1732-1799

To persevere in one's duty and be silent is the best answer to calumny.

5/1

何かを始めよう！

Start something.

5/2

月の上に立って
最初に地球を振り返った時
私は泣いた。

——アラン・シェパード
（宇宙飛行士）
1923-1998

When I first looked back at the Earth, standing on the Moon, I cried.

5/3

怖い時こそ、両目をしっかり見開いて。
目を閉じてしまうと
大切なことを見落とす。

5/4

結局
普通ってなんなの？

What is normal anyway?

5/5

1年に一度だけのときめき。
それは街角のフラワースタンドに
ライラックを見つけた瞬間。
ライラックはニューヨークに
春の訪れを知らせる花。
今日はライラックを買って
春の香りを部屋に持ち帰ろう。

5/6

困難の中に
チャンスがある。

——アルベルト・アインシュタイン
（理論物理学者）
1879-1955

In the middle of difficulty lies opportunity.

5/7

成功しなければならないと思うから
不安が押し寄せる。
失敗を重ねて成功しようと思えば
勇気がわいてくる。

5/8

自分を信じて。

Believe in yourself.

5/9

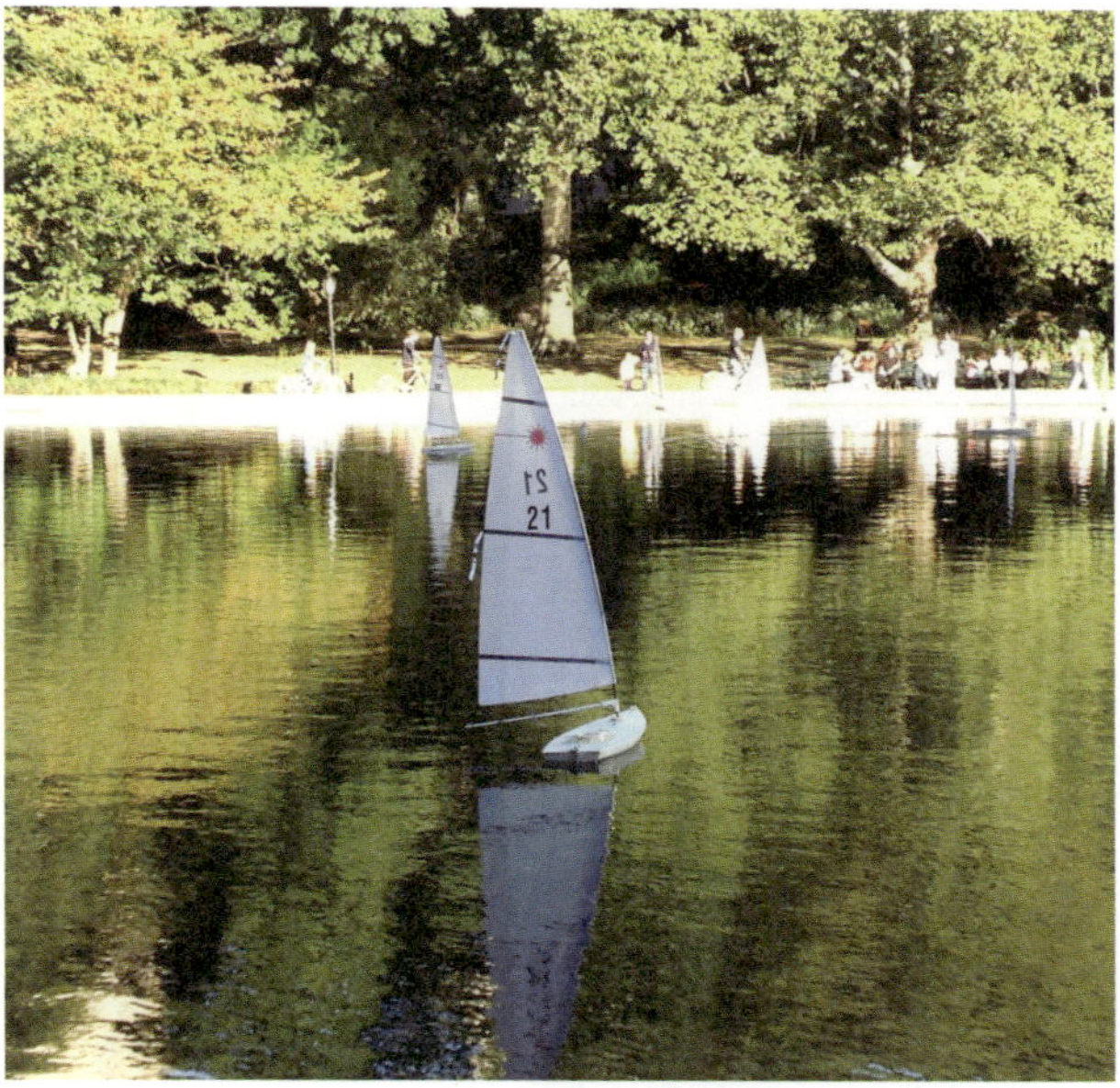

良心に照らして
少しもやましいところがなければ
何を悩むことがあろうか。
何を恐れることがあろうか。

——孔子（思想家）
B.C.551-479

If you look into your own heart, and find nothing wrong there,
what is there to worry about?
What is there to fear?

5／10

私の人生は
目を開いて
母の顔を愛することから始まった。

――ジョージ・エリオット
（作家）1819-1880

My life began with waking up and loving my mother's face.

5／11

早く何かを成し遂げなくてはと
自分を焦らすことなんてない。
追い込むこともない。
自分のペースで、ゆっくり進んでいけばいい。

5／12

上品さは
決して色褪せない
唯一の美なの。

——オードリー・ヘプバーン
（女優）1929-1993

Elegance is the only beauty that never fades.

5／13

鳥は卵から無理やり出ようとする。
卵は世界である。
生まれ出ようとする者は
一つの世界を破壊しなければ
ならない。

――ヘルマン・ヘッセ
（作家）1877-1962

The bird is fighiting its way out of the egg.
The egg is the world. Whoever wishes to be born must destroy a world.

5／14

後味のいい人は
褒めるのが上手で
譲ることを忘れない。
そして、太陽のように
明るい笑顔を持っている。

5／15

僕は、女性が何を
求めているか知っている。
彼女たちは美しくなりたいんだ。

——映画
『ヴァレンティノ：ザ・ラスト・エンペラー』より

I know what women want. They want to be beautiful.

5／16

人生には「もうダメだ」と感じる
ことが山ほどあるけれど
越えてしまえば楽しい思い出。
「あの時できたのだから、今回も大丈夫」
優しく自分の背中を押せる人になれる。

5／17

良い友達は見つけるのが難しくて、
離れるのがさらに難しい。
そしてその友達を忘れるなんて
不可能なこと。

――TVドラマ
「ゴシップガール」より

Good friends are hard to find, harder to leave and impossible to forget.

5／18

最悪なことが起きた日は
大の字になって寝ころぶといい。
「明日は大丈夫、絶対うまくいく」
青空を眺めながら、こんな風に
自分を引っ張りあげよう。
楽観的に考える癖をつけよう。
明日は絶対にうまくいくと信じよう。

5／19

メモリアルデーの前日、街角で
真っ白な制服が眩しいマリーン軍団に遭遇。
どこの国の人だろうと声をかけたら、
「ジャパン！」と返ってきた。
予想外の答えに驚きながらも、
兄弟がはるばる訪ねて来てくれたような
感激に包まれた。
アメリカ政府に招かれ、京都の舞鶴から
「しらね型護衛艦」に乗って
280人の乗組員と共に来たそうだ。

一般開放日に、生まれて初めて
護衛艦を見に出かけた。
まるで宇宙戦艦ヤマトのように美しい。
ニューヨークで日本の護衛艦に
乗っているなんて、人生はミラクルだ。

5/20

今、ここにあるものに感謝しよう。

Appreciate what you have.

5／21

行く手をふさがれたら
回り道で行けばいい。

――メアリー・ケイ・アッシュ
（実業家）
1918-2001

When you come to a roadblock, take a detour.

5/22

幸せを選んで。

Chose happiness.

5/23

どんなに大きな台風でも
最終的にはすぐに過ぎ去る。

――カール・ラガーフェルド
（ファッションデザイナー）
1933-2019

Even a however big typhoon disappears right now finally.

5/24

辛いことを越えていく力は
それを越えることでしか養われない。

5/25

チャンスは
たいてい苦労という
仮面をつけてやってくるので
多くの人はそのチャンスに
気づかない。

——アン・ランダース（コラムニスト）
1918-2002

Opportunities are usually disguised as hard work,
so most people don't recognize them.

5/26

ニューヨークではよく見かける
パパと子供のお出かけ。
パパ友たちの立ち話や
男友達とのブランチに
赤ちゃんと一緒に出かけるのは
ママの行動とまったく同じ。
子育てにも男女差はいらないのだ。

5/27

過ぎたことを後悔しないで。
その時のあなたにとっては
まさに必要な経験だったのだから。

Never regret anything because at one time it was exactly what you needed.

5/28

年を重ねて気づいた。
年を重ねても何も失っていない。
昔よりも、心や行動が大らかで自由になれた。
年を重ねるって、
枯れたりすり減ることではなく、
自分が解き放たれ、輝きを増すことだと思う。

5/29

旅に出よう。
自分探しではなく
本当の自分を取り戻しに。

──作者不明

Travel not to find yourself but to remember who you've been all along.

5／30

誰かの誘いを待たず
自分から誰かを誘おう。
待たずに自分から動けば
楽しいことが増える。

5／31

諦めちゃだめだよ。
最後まで結果は分からない。

Never say never!

6/1

冬でも、春でも、夏でも、秋でも
ただ呼んでくれればいい。
すぐに飛んで行くわ。
友達なんだもの。

——キャロル・キング
（シンガーソングライター）
「You've Got a Friend」の歌詞より

Winter, spring, summer or fall
All you have to do is call
And I'll be there, yes I will
You've got a friend

6/2

成功する結婚の大きな秘訣は、
小さな出来事を大惨事と
みなすのではなく、
大惨事を小さな出来事と
みなすことだ。

——ハロルド・ニコルソン（作家）
1886-1968

The great secret of a successful marriage is to treat all disasters as incidents and none of the incidents as disasters.

6/3

言葉はその人を映し出す鏡。
注意深く聞くことで
その人の人間性を感じ取る
ことができる。

6/4

自分に限界をつくってはいけない。
多くの人が自分のできることに
限界をつくっている。
あなたの心ができると思う限り
前進できる。

忘れないで
あなたが信じることは
成し遂げることができるのよ。

——メアリー・ケイ・アッシュ
（実業家）
1918-2001

Don't limit yourself. Many people limit themselves to what they think they can do. You can go as far as your mind lets you. What you believe, remember, you can achieve.

6/5

幸せかどうかは
自分次第。

——アリストテレス（哲学者）
B.C.384-322

Happiness depends upon ourselves.

6/6

今やニューヨークを象徴する
空中庭園、ハイライン。
鉄道廃線を利用した
さまざまなアートや植物を鑑賞できる
全長2.3㎞にも及ぶ遊歩道。
小鳥のさえずりと優しい花の香りに
癒やされる、大都会のオアシス。

6/7

アートコレクターの友人の家に
遊びに行ったら、リビングの大きな机の上に
サザビーズのコレクションブックが
無造作に置かれていた。
目を輝かせて見ていたら
「持って帰っていいよ」
とプレゼントしてくれた。
それ以来家宝として、
自宅リビングに飾っている。
奈良美智さんの「Pale Mountain Dog」を
毎日見られるなんて
たとえオークションブックの表紙でも、
この上なくハッピーなのである。
いつか本物が自宅にやって来るかもしれない。
そんな夢を描くのも、また楽しい。

6/8

Save our ocean.
We only have one.

6/9

生まれながらに強い人なんて
どこにもいない。
強い人は自分が弱いことを知っている。
自分の弱さを受け入れ、
強くなる努力を人一倍続けている。

鉄が強いのは、やわらかい時に
叩くからである。
叩けば叩くほど、強くなる。
人間だって同じ。

6/10

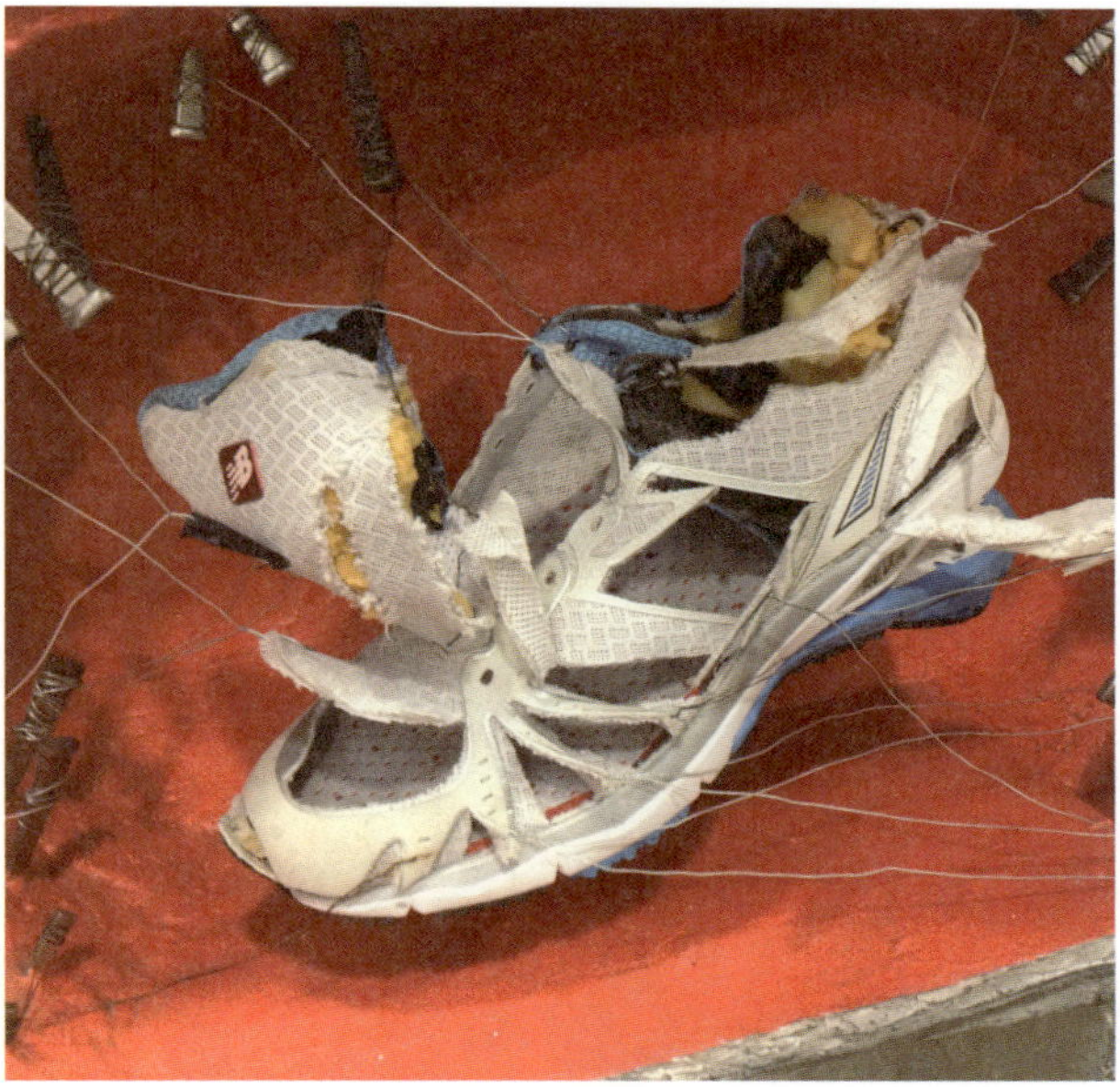

今日始めなかったことは
明日終わることはない。

——ヨハン・ヴォルフガング・
フォン・ゲーテ
(詩人・小説家・政治家)
1749-1832

What is not started today is never finished tomorrow.

6/11

自ら選んだ道を「合わないから」
と投げ出さず、
初志と共に続けてみよう。
継続の先には必ず「何か」がある。
その「何か」が次の点につながっていく。
点と点がつながり道となる。

6/12

一生心に残るのは
ささやかな思い出。

It's the little memories that will last a lifetime.

6/13

こだまではなく
声になれ。

——アルベルト・アインシュタイン
（理論物理学者）
1879-1955

Be a voice, not an echo.

6/14

誰かの心の雲に架かる
虹となってあげよう。

――マヤ・アンジェロウ（詩人・作家）
1928-2014

Try to be a rainbow in someone's cloud.

6/15

大切なのは自分が
望んだように生きること。
そして、それを続けること。
お金があっても
不幸な人生を送るより
ずっと満足できるはず。

——マージョリー・キナン・
ローリングス（作家）
1896-1953

It is more important to live the life one wishes to live, and to go down with it if necessary, quite contentedly, than to live more profitably but less happily.

6／16

選択とは、どちらか1つとは限らない。
両方という選択もある。

6/17

目標が第一。
手段は後からついてくる。

――マハトマ・ガンディー（宗教家）
1869-1948

Find purpose. The means will follow.

6／18

プランはA以外にもたくさん考えておこう。
Aがダメなら、Bがある。
Bがダメなら、Cがある。
この3つがダメでも、残り23個もある。

6/19

初夏を感じる6月の夜。
ライトアップされたテラスがにぎわい始める。
オープンエアが気持ちいい季節がやって来た。

6/20

Focus on your health,
not your weight.

6／21

たった１人の父親は
１００人の教師でも敵わない。

――ジョージ・ハーバート（詩人）
1593-1633

One father is more than a hundred schoolmasters.

6/22

自分以外の誰かの目線で
自分を見ていては
自分の人生は生きられない。

——ペネロペ・クルス（女優）

You cannot live your life looking at yourself from someone else's point of view.

6/23

お礼なんていいの、いいの。

Say nothing.

6/24

自分の人生を真剣に見つめ、
歩んでいると「人生の節目」に気づく。
何も考えずに歩んでいると
「節目」を見過ごしてしまう。
竹は節目が多いほど強く折れにくいように
人生も節目が多いほど強く折れにくい。
節目、節目に、自分を省みて、
強い気持ちで新しい一歩を踏み出そう。
しなるけれど折れない
強い芯が通った人になろう。

6/25

たまには、朝食を優雅に。
そして夕食を控えめに。

6/26

手ぶらで来てね。

Just bring yourself.

6/27

どんなに忙しくても相手に
「自分は尊重されているんだ」
と感じさせるように
しなければならない。

――メアリー・ケイ・アッシュ
（実業家）
1918-2001

No matter how busy you are,
you must take time to make the other person feel important.

6/28

Be proud of who you are.

6/29

ブルックリンから眺めるマンハッタン。
訪れた人を虜にする魔法の街。

6／30

人は誰でも間違える。
大切なのは、間違えないことではなく、
間違いに気づいたら
できるだけ早く修正し、
同じ間違いを繰り返さないことである。

7/1

夏はより魅力的で誘惑的で
より気まぐれで人間的で
愛情と感情に訴えかけ
そして探求心と芸術的衝撃を育てる。

——ジョン・バローズ（随筆家）
1837-1921

Summer is more wooing and seductive, more versatile and human,
appeals to the affections and the sentiments,
and fosters inquiry and the art impulse.

7/2

自分自身を愛することを忘れないで。

——セーレン＝オービエ・キルケゴール
（哲学者）
1813-1855

Don't forget to love yourself.

7/3

なりたい(Be)仕事と
やりたい(Do)仕事は時に違う。
憧れだけで仕事を選ばずに
そこで自分がやるべきことを
具体的にイメージしよう。

7/4

何ごとも「無」の状態から
スタートした方が大きく伸びる。

7/5

まだよく知らない相手の言葉を
鵜呑みにしないこと。
相手を信じるのは、後の後。
まずは、相手を知ること。
そのためには、たくさん質問しよう。
あなたの質問で相手が不快感を
露わにしたとしたら
それは1つのレッドフラッグ。

7/6

過去は忘れましょう!

——ネルソン・マンデラ(政治家)
1918-2013

Let's forget the past!

7/7

努力や信念と共に自らの力で、
自分らしく輝く人こそ美しい。

7/8

嫌われることを恐れずに
言うべきことを伝えよう。

7/9

成功する人は
失敗から学び、
別な方法でやり直す。

——デール・カーネギー（作家）
1888-1955

The successful man will profit from his mistakes and try again in a different way.

7／10

劣等感を打ち消すには
「なぜ」と後ろ向きの
視点で考えるのではなく、
「どうしたら」と前向きの
視点で考えること。

7/11

私たちが人生において犯す
最大の過ちは
間違いを犯しはしないかと
絶えず恐れていることである。

——エルバート・ハバード
（思想家・作家）
1856-1915

The greatest mistake you can make in life
is to be continually fearing you will make one.

7/12

フルーツが美味しい季節。
凍らせてシャーベット感覚で食べると
アイスクリームよりもヘルシー。

7/13

マンハッタンヘンジ――
年に2回だけ起こる
ビルとビルの間に夕日が
沈む美しい現象。
通りが真っ赤に燃える
神秘的な景色に心が洗われた。

7／14

向上心が持てない場合は、
向上心の高い人を真似てみよう。
・常に目標を持っている
・常に考え、行動している
・モチベーションを維持している
・失敗を恥じず、失敗から学ぶ
・どんなことも丁寧に真剣に取り組んでいる
・コツコツ努力している
・努力し続けている自分が大好き

7／15

すべては
一匹のねずみから始まった。

――ウォルト・ディズニー
（アニメーター・プロデューサー）
1901-1966

It was all started by a mouse.

7／16

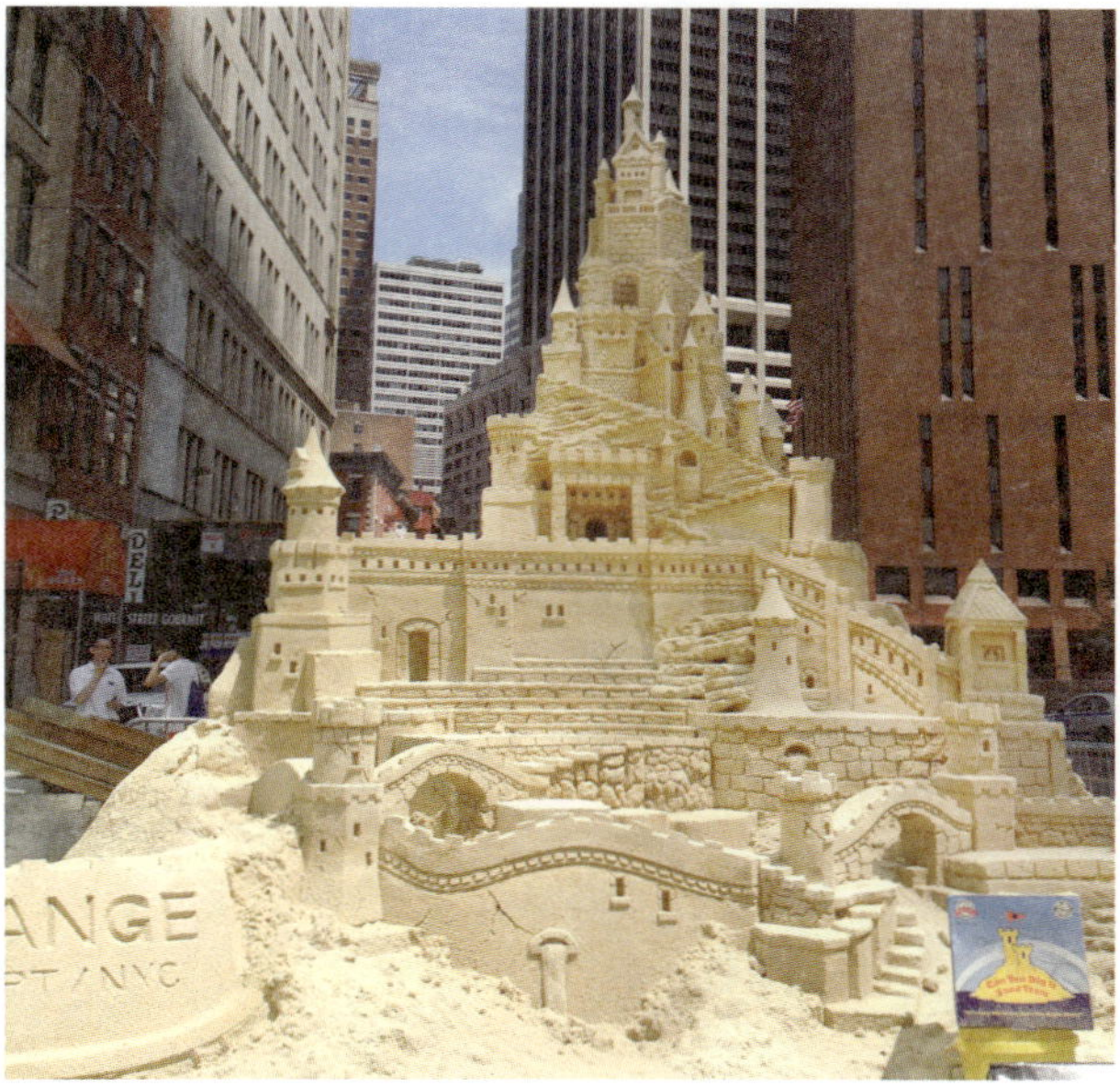

人生は短い。
情熱を持って生きよう！

Life is short. Live passionately!

7／17

言わぬが花。
余計なことまでわきまえずに話すよりも
黙っているか、ある程度まで話して
それ以上は相手の想像に任せた方がいい。
これは世界基準の美しい大人の社交術。

7／18

幸せな悩みは
解決を急ぎたくないものだ。

7/19

自分に打ち勝つことが、
最も偉大な勝利である。

——プラトン（哲学者）
B.C.429-347

The first and best victory is to conquer self.

7 / 20

プレゼントは気持ちの贈りもの。
もらった物ではなく
その人の気持ちを受け取ろう。

7／21

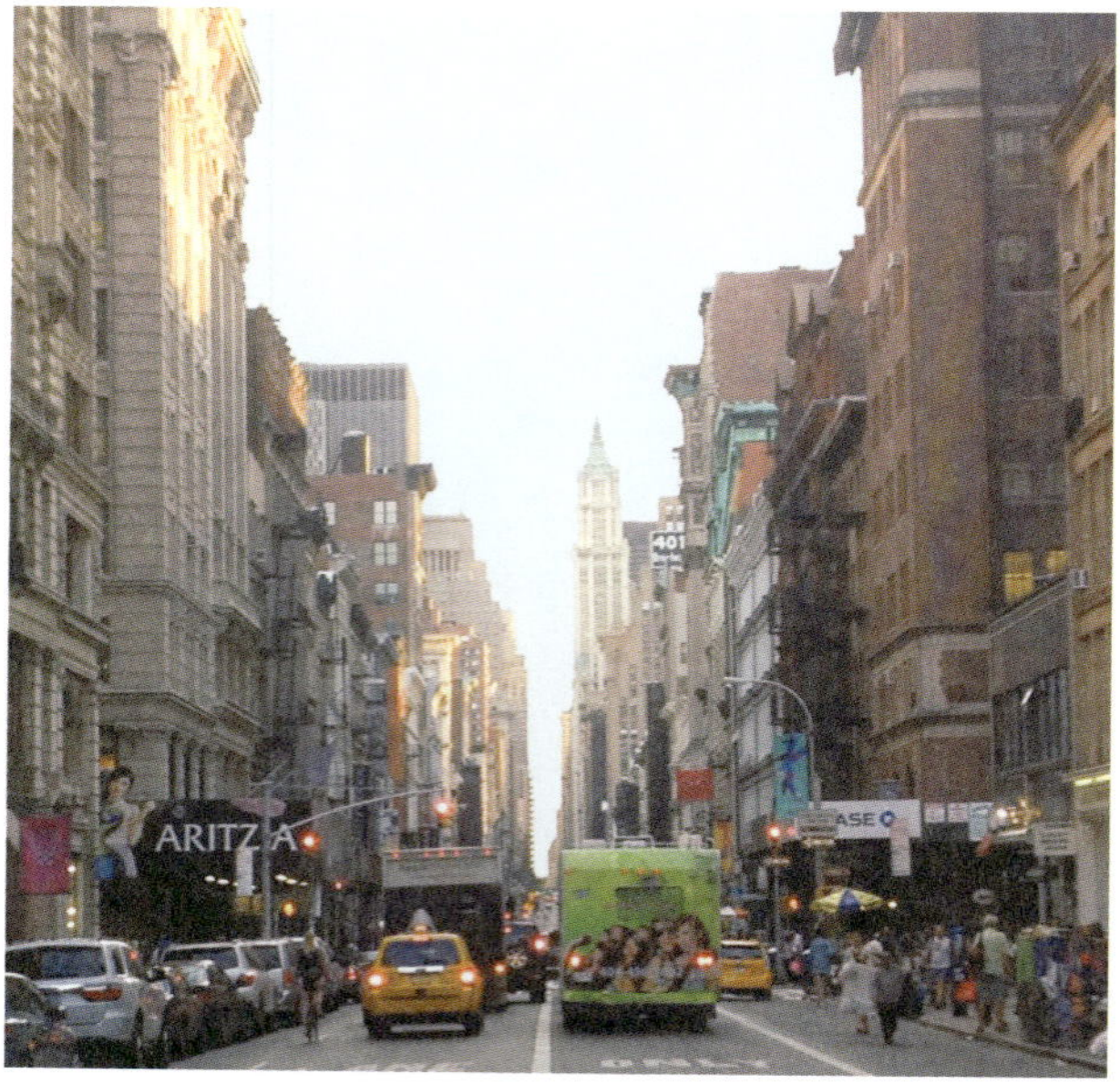

生き残るのは、いつも強い者とは限らない。
環境の変化に順応できるものが、生き残る。
化石にならないように進化しよう。

7/22

年に一度は
これまでに行ったことのないどこかに
行きなさい。

――ダライ・ラマ14世（法王）

Once a year, go someplace you've never been before.

7/23

ポジティブ、ポジティブ!

Positive, positive!

7/24

ストレスがあるのは、本気の証拠。

7/25

時間はお金以上に尊いもの。
自分の時間、
相手の時間を尊重しよう。

7/26

1つのドアが閉じると
もう1つのドアが開く。
しかし、私たちは閉じたドアを
長い間残念そうに眺めてしまうから
開いたドアがなかなか目に入らない。

——グラハム・ベル（発明家）
1847-1922

When one door closes another door opens,
but we so often look so long and so regretfully
upon the closed door, that we do not see the ones which open for us.

7/27

誕生日は1本のキャンドルで祝おう。
年齢は今まで生きてきた年数。
こんなに長い間生きてきたという
事実はめでたいけれど
大切なのは過去よりも未来。
だから、新しく始まる1年に
1本のキャンドルで誕生日おめでとう。

7/28

人生で大切なのは
誰に対しても、何に対しても
ビビらないことさ。

——フランク・シナトラ（歌手）
1915-1998

The big lesson in life, baby, is never be scared of anyone or anything.

7／29

静けさに耳をすまして。

Listen to the sound of silence.

7/30

いいですか。
昨日あなたが心配していた明日が
今日なのですよ。

——デール・カーネギー（作家）
1888-1955

Remember, today is the tomorrow you worried about yesterday.

7／31

自分にしかないものを見つけよう。
それを見つけたら大切に、ピカピカに磨こう。
それがあなたを輝かせる個性だから。

8/1

夏を楽しんで!

Enjoy your summer!

8/2

アッパーウエストの通りの一角に
バンクシーのアートが描かれている。
その前を人々が足を止めることなく
通り過ぎていく。
ストリートアートは人々の
暮らしの中に溶け込んでいる。
そして、そのメッセージも
人々の心に染み込んでいる。

8／3

ほんのひと時、
背負っているものを下ろして
自分を解放してあげよう。

8/4

時にはいい気分になるために
ちょっと自分を甘やかすことも
必要だね。

——チャールズ・M・シュルツ
（漫画家）1922-2000
漫画「ピーナッツ」より

Sometimes we all need a little pampering to help us feel better.

8/5

他人の意見には、常に耳を傾けること。
そこから思わぬ新たな道が開けたり
また一方、自分の足元、
自分の問題が見えてくるのだ。

——父からの手紙より

8/6

本当の友人とは、
世界中が立ち去っていく時に
歩み寄ってくれる人だ。

――ウォルター・ウィンチェル
（ジャーナリスト）
1897-1972

A real friend is one who walks in when the rest of the world walks out.

8/7

過去にこだわる必要なんて
どこにもないわ。

——スザンヌ・サマーズ
（女優・作家）

Where you come from is not where you have to stay.

8/8

自分を大切にしている人は
スケジュール帳を予定で埋め尽くさない。
ひとりの時間こそが大切だから。

8/9

時は偉大な医者である。

——ベンジャミン・ディズレーリ
(政治家・小説家)
1804-1881

Time is the great physician.

8／10

米倉涼子さん主演「シカゴ」の千秋楽。
ミュージカルスターたちの中で主役を
演じきるということがどれほどのことか、
想像しただけで胸が熱くなった。
この感動は今なお心に残り
私を奮い立たせてくれる。

8／11

夏といえばトウモロコシ。
メキシコ人の友人が美味しいレシピを
教えてくれた。

焼きトウモロコシにマヨネーズを塗って
パルメザンチーズをふり
ほんの少し赤唐辛子とチリパウダーをかける。
そして忘れてはならないのが、
ライムを搾ることだ。
毎日食べても飽きない美味しさ。

8／12

幸せなカップルになる秘訣は、
お互いを喜ばせ合うこと。
日々の生活に「ありがとう」が
溢れていると、ずっと仲良しでいられる。

8／13

終わってしまったことを
悲しむのではなく
経験できたことを喜ぼう。

――ドクター・スース
（絵本作家）
1904-1991

Don't cry because it's over. Smile because it happened.

8／14

すべてのものは美しい。
しかし、すべての人に
見えるわけではない。

――孔子
（思想家）
B.C.551-479

Everything has beauty, but not everyone sees it.

8／15

初めての場所で緊張した時は
大きく深呼吸をして笑顔になろう。
そして「私は女優」と自己暗示を
かけるといい。

8/16

勇気とは、
恐怖に抵抗することであり、
恐怖を克服することである。
恐怖を抱かないことではない。

——マーク・トゥエイン（小説家）
1835-1910

Courage is resistance to fear,
mastery of fear – not absence of fear.

8／17

日本は優しさと思いやりの国。
親切も笑顔も真心から。
求めることをせず与える美しい行いは
世界のどこにも類を見ない素晴らしいこと。

8／18

夏のオシャレ。
カラフルな色やデザインに挑戦してみよう。
いつもと違う自分に出会えるかも。

8／19

いくつかの美しい道は
迷子にならなければ見つけられない。

——エロル・オザン（大学教授・作家）

Some beautiful paths can't be discovered without getting lost.

8／20

あなたができる最も重要な投資は
あなた自身への投資だ。

——ウォーレン・バフェット
（投資家・経営者）

The most important investment you can make is in yourself.

8／21

私は絵を描く夢を見て
そして私の夢を描く。

——ヴィンセント・ファン・ゴッホ
（画家）1853-1890

I dream my painting and then I paint my dream.

8／22

ショップから出ると、辺り一面
1950年代に様変わりしていた。
暗黒時代のマフィア映画の撮影らしい。
完璧なセットとエキストラの
スケールの大きさにまるで
タイムスリップしたような感覚を覚えた。

8／23

固執せず柔軟に
最良の決断をしよう。

8／24

「このファッション製品で
デザイン特許なんて取れるわけがない」
アメリカの特許弁護士たちが
口を揃えて言った。

ビジネスアドバイザーは鼻で笑った。
それでも、私は諦めなかった。

結果的に日本を含め3つ取得した。
目標があるなら、誰に否定されても
自分だけは自分を信じてあげなければ
ならない。

8／25

何より大事なのは
人生を楽しむこと、
幸せを感じること、
それだけです。

——オードリー・ヘプバーン（女優）
1929-1993

The most important thing is to enjoy your life - to be happy - it's all that matters.

8/26

計画通りに進んでいない時は
一度そこを離れてリラックスしてみて。

8／27

レストランに置かれていた招き猫。
上げている手によってご利益が
違うことを思い出した。
右手はお金、左手は人。
この猫は左手を上げている。
私は、夕食をここで取ることを決めた。

8／28

生前に売れた絵はたった1枚。
それでも描き続けたゴッホに励まされる。

8／29

居心地のいい場所から出ることで
自立し、成長できる。

8／30

土曜日の朝が好き。

I love Saturday mornings.

8／31

旅先から自分宛てに絵葉書を送る。
絵葉書をファイルしたフォルダーは、
自分だけの旅行記。

9/1

USオープンが始まった。
どんな状況でも集中できる精神力。
スポーツの世界で生きる選手たちは
強さの本当の意味を知っている。

9/2

1＋1＝2
しかし社会では5になることも、
10になることもある。
学校で勉強したことが、
そっくりそのままには当てはまらない。
答えは1つとは限らないのが社会。
社会に出たら、頭をやわらかくしよう。
少しだけ生きやすくなる。

9/3

賢い人はチャンスを見つけるよりも
自らチャンスを創りだす。

——フランシス・ベーコン（哲学者）
1561-1626

A wise man will make more opportunities than he finds.

9/4

未来の心配ばかりせず
今、目の前にある小さな幸せに
心を向けよう。

9/5

今日は歩くと決めた日は、
スニーカーで出かけよう。
ニューヨークの女性たちは
フットワークが軽い。
仕事が終わればスニーカーに履き替え、
歩きながら
気持ちをオンからオフに切り替える。
そして足どり軽く家路へ向かう。

9/6

映画やＴＶドラマの台本が露店で
売られている。
俳優の卵たちは、こんなところで
台本を買い演技の練習をするそうだ。
台本が飛ばないように留められたロープが
夢を叶えた人と、夢を追う人の
境界線に見えた。

9/7

まだ外は灼熱の太陽が照りつけていても、
アメリカではレイバー・デーの祝日が
夏の終わりとされている。
バケーションを終えた人たちが
ニューヨークに戻り、
閑散としていた街に活気が戻ってきた。
秋の気配を感じるまで、残暑を楽しもう。

9/8

楽しんでやる苦労は、
苦痛を癒やすものだ。

――ウィリアム・シェイクスピア
（劇作家）1564-1616

The labor we delight in cures pain.

9/9

自分を奮い立たせる言葉や音楽を持とう。
モチベーションが上がり
もうひと踏ん張りする力がわいてくる。

9／10

微笑めば友達ができる。
しかめっ面をすればしわができる。

――ジョージ・エリオット（作家）
1819-1880

Wear a smile and have friends; wear a scowl and have wrinkles.

9/11

平和は神から人間への
贈り物ではなく
人間同士の贈り物で
あることを忘れてはいけない。

——エリ・ヴィーゼル（作家）
1928-2016

*Mankind must remember that peace is not God's gift to his creatures,
it is our gift to each other.*

9／12

こんなことだってあるさ。
楽観的にとらえよう。

9／13

自分の好きを大切に。
好きが増えると、幸せも増える。

9／14

若さの秘訣は好奇心。
知りたい、やってみたいが
たくさんあると心がウキウキする。

9／15

イタリアンなすび。
あまりに可愛いので母に絵手紙を書いた。

9/16

人生歌いながら行こう。
それだけで退屈じゃなくなる。

――ウェルギリウス（詩人）
B.C.70-19

Let us go singing as far as we go; the road will be less tedious.

9／17

ＳＮＳの時代に送る手書きのカード。
真心が伝わる。

9／18

正しいことをするのに
頃合いを見る必要はない。

――マーティン・ルーサー・
キング・ジュニア（牧師）
1929-1968

The time is always right to do what is right.

9/19

夜の散歩中、人目につかない片隅に
小さく描かれたアートが目に入った。
近寄ってみて衝撃を受けた。
バンクシーに見えたからである。
あまり丹念に見ていると人目について、
アートが傷つけられては大変だと思い
写真を撮って足早にその場を立ち去った。
私はこのアートに「エンジェルボーイ」
と名前をつけた。
秘密の宝物を見つけたような気分だった。

9/20

毎日、少なくとも
小さな歌を1曲聴き、
良い詩を1編読み、
美しい絵を1点見て、
もし可能ならば賢明な言葉を
いくらか話すといい。

——ヨハン・ヴォルフガング・
フォン・ゲーテ
(詩人・小説家・政治家)
1749-1832

Every day we should hear at least one little song, read one good poem, see one exquisite picture, and, if possible, speak a few sensible words.

9/21

食べることが好きな人に
悪い人はいない。

——ジュリア・チャイルド
（料理研究家）
1912-2004

People who love to eat are always the best people.

9/22

バランスが取れると自分が整う。
仕事と遊び
栄養のバランス
日常と運動
カジュアルとエレガント
人生に必要なのはバランス感覚。

9/23

庶民派法王として世界中の人々から
親しまれているローマ教皇フランシスコが
ニューヨークを訪問してくれた。
ポープ（教皇）フィーバーが巻き起こり、
街は熱烈大歓迎ムード。

最高の地位に立つ人は、
謙虚で笑顔が美しい。

9/24

一喜一憂せず淡々と。
淡々と取り組んでいると
ある日何かが薄っすらと見えてくる。

9/25

成功とは、どん底から
高く跳ね上がること。

——ジョージ・パットン（軍人）
1885-1945

Success is how high you bounce when you hit bottom.

9/26

ものの見方を変えれば
見えるものが変わる。

――ウエイン・ダイアー
（心理学者）
1940-2015

If you change the way you look at things, the things you look at change.

9/27

靴はあなたの仕草や態度を変える。
靴はあなたを物理的にも感情的にも
持ち上げてくれる。

――クリスチャン・ルブタン
（靴デザイナー）

Shoes transform your body language and attitude.
They lift you physically and emotionally.

9／28

自分の世界を広げよう。
好きなことを増やせば、世界が広がる。
共通点で結ばれた、新しい友人との
出会いもあるだろう。
新しい世界は、新しい自分発見につながる。

9/29

コスモスの英語の花言葉。
「愛や人生がもたらす喜び」

Joy in love and life.

9／30

ブティックに置かれた不思議なアート。
商品は端に寄せられ
アートが売り場の大部分を占めている。
一体これは何だろう？
無重力空間の乗り物……？
想像をめぐらすって楽しい。
未知との遭遇はワクワクを運んできてくれる。

10／1

治癒への希望が
私たちをつなぐ

Think Pink.

10／2

ニューヨークの秋は短い。
駆け足でやって来て、駆け足で去っていく。

10／3

今年もあと3カ月。
結論を出すのはまだ早い。
最後の瞬間まで投げ出さないでいこうね。

10／4

真実とは太陽のようなものだ。
一時的に覆い隠すことはできても、
消し去ることはできない。

——エルヴィス・プレスリー
（ミュージシャン）
1935-1977

Truth is like the sun.
You can shut it out for a time, but it ain't going away.

10/5

日が暮れると同時に世界は一変、
非現実的な人たちが堂々と道を歩いている。
マリー・アントワネット、
シャーロック・ホームズ、
ターミネーターたちとすれ違いながら
仮装して出かける
週末の夜遊びに胸が高鳴る。

10/6

自分の運命は
自分でコントロールすべきだ。
さもないと、
誰かにコントロールされてしまう。

――ジャック・ウェルチ（実業家）

Control your own destiny, or someone else will.

10/7

人生を変えるチャンスは
自分が避けていることの中にある。

10／8

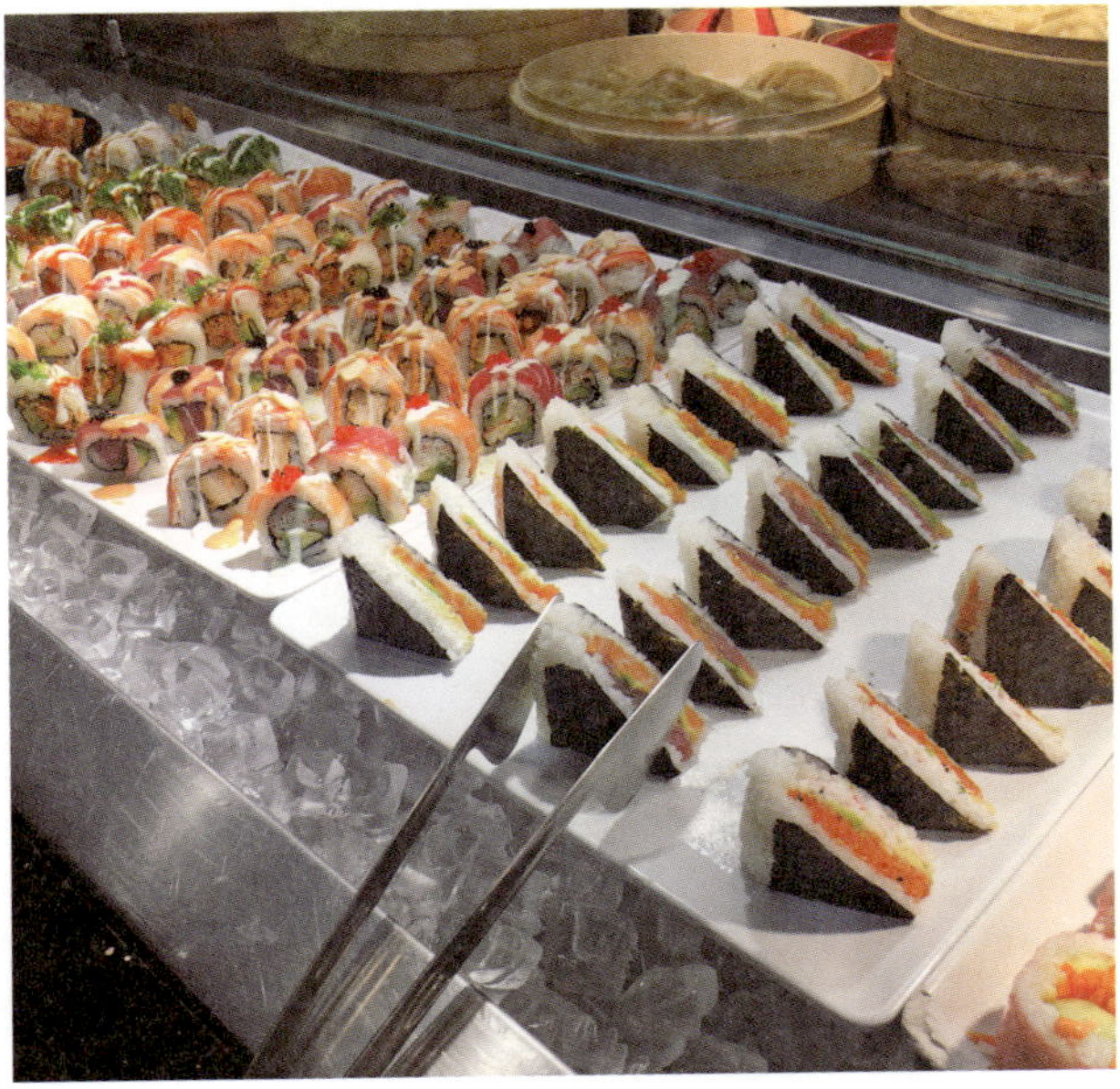

ひと回りしてからバランス良く取る人、
手当たり次第取っていく人、
わき目もふらず好きなものに
一直線で向かう人。
デリは人間性がかいま見られる場所。

10/9

今までよりもこれからの方が
ずっといいことがあるよ。

——C・S・ルイス（学者・小説家）
1898-1963

There are far, far better things ahead than any we leave behind.

10／10

価値あるものは
簡単には手に入らない。

Nothing worth having comes easy.

10／11

想像してごらん、
すべての人々が
平和に暮らしていると。

――ジョン・レノン（ミュージシャン）
1940-1980

Imagine all the people
Living life in peace

10／12

その空気は
4月のセビリアのようにやわらかく
吸い込むととても甘い香りがした。

――クリストファー・コロンブス
（探検家）1451-1506

The air was as soft as that of Seville in April,
and so fragrant that it was delicious to breathe it.

10／13

状況をネガティブに考え始めると
うまくいくものも、
うまくいかなくなってしまう。
今は道中、明るく元気に前向きに。

10／14

私たちの多くは
かつて自分が思い描いた以上の
勇気を持っている。

――デール・カーネギー（作家）
1888-1955

Most of us have far more courage than we ever dreamed we possessed.

10／15

成功は、手がかりを残す。

——トニー・ロビンズ
（作家・コーチ・起業家）

Success leaves clues.

10／16

旅は知性を広げる。

Travel broadens mind.

10／17

ペニンシュラホテルの
「ピンクアフタヌーンティー」。
価格に寄付金が含まれているので、
小さな貢献にもなる。

ふと、紅茶は飲む人を
優雅な気分にさせてくれることに気づく。
「エレガント」という
自分のテーマが１つ増えた。

10／18

優しい日差しの中で、
大好きな人とピクニック。
秋っていいな。

10／19

人生で大切なのは振り返り。
振り返ることで気づくことがある。

10／20

シックなものを持つと身が引き締まる。
自分を奮い立たせる最強のアイテム。

10/21

道を切り開いて進もう。

Make your own path.

10/22

可能性を信じるところから始めよう。

Begin with the possibilities.

10／23

批判されたくないなら、
何もせず、何も言わなければいい。
しかし、それは、生きていないのと
同じことだ。

――エルヴィス・プレスリー
（ミュージシャン）
1935-1977

If I don't want to be criticized, you should do nothing and say nothing.
But that's the same thing as that I don't live.

10／24

怒っても何も解決しません。

――グレース・ケリー
（モナコ公国の公妃・女優）
1929-1982

Getting angry doesn't solve anything.

10／25

素直さを失った時、
逆境は卑屈を生み、
順境は自惚れを生む。
素直さは人を正しく聡明にする。

――松下幸之助（実業家）
1894-1989

10／26

自分の足を引っ張っているものを断ち切ろう。
遅かれ早かれその時が来る。
ならば早い方がいい。

10/27

小さなかぼちゃを3つ買った。
絵筆をにぎった。
この気持ちを絵手紙にのせて。

10／28

憧れのデルヴォー。
見ているだけで幸せ。

10／29

泣きたい時は、
泣いてもいいんだよ。
思いっきり泣いたら
気持ちも晴れる。

10／30

ショップの外に「ご自由にどうぞ」
が多いニューヨーク。
道を歩けばキレイになれる。

10／31

「できるわけない」プライドが言った。

「危険すぎる」経験が言った。

「やる意味ない」理性が言った。

「トライしてみたら…？」

心がささやいた。

——作者不明

"It's impossible" said pride. "It's risky" said experience.
"It's pointless" said reason. "Give it a try" whispered the heart.

11／1

優しさとは
耳の聞こえない人も聞くことができ、
目の見えない人も
見ることができる言葉。

——マーク・トウェイン（小説家）
1835-1910

Kindness is a language which the deaf can hear and the blind can see.

11／2

秋になると生と死を葉っぱの一生にたとえた
物語『葉っぱのフレディ』を思い出す。
人はどこから来て、どこに行くのだろう。
生きるとはどういうことなんだろう。
命の尊さに気づかされる。

11／3

誰もがスターなのよ。
みんな輝く権利を持っている。

——マリリン・モンロー（女優）
1926-1962

Everyone's a star and deserves the right to twinkle.

11/4

風に舞う落ち葉と奮闘し
秋色のニューヨークが完成した。
我ながら大満足。

11／5

少年と羊の置物に惹かれてチーズを買った。
フランスのピレネー山脈で作られている
羊のチーズだった。
ピレネー山脈やブランドのことを
調べながら味わい、夜はふけた。

11／6

ニューヨークのドアマンは
大きく2つに分かれている。
悪者を指先で退治しそうな
大きい強面の人と
ファッションモデルのような体形と
甘いマスクに笑顔が輝く人。
大富豪の女性たちを引き寄せるには
後者がいい。
「だからティファニーのドアマンは、
しびれる程ハンサムなんだよ」と
友人が教えてくれた。
本当にその狙いがあってのことかは
分からないけれどひときわハンサム
であることは確かである。

11/7

自分を信頼しよう。

Have faith in yourself.

11／8

明日が素晴らしい日だと
いけないから
うんと休息するのさ……

——チャールズ・M・シュルツ
（漫画家）1922-2000
漫画「ピーナッツ」より

I need plenty of rest in case tomorrow is a great day.

11/9

リンゴを丸かじりする欧米人と
リンゴの皮をきれいにむく日本人。
両者お互いの違いに「エッ！」と驚く。
文化が違うって面白い。
こんなのもありなんだと
新しい捉え方が増えていく。

11／10

日が暮れると同時に
街が宝石箱のように輝き始める。
外を歩いているだけで幸せを感じる。

11／11

君の馬車を星につなげて。

――ラルフ・ワルド・エマーソン
（思想家・詩人）
1803-1882

Hitch your wagon to a star.

11／12

自分を責めるのはやめて
「何か勉強になることはあった？」と
優しく声をかけてあげよう。

11／13

大切なものを落としてしまった私に
「元気を出して」とお花が届いた。
落ち込んだ気持ちが瞬時に晴れた。
お花の効用と友人の愛に感謝。

11/14

気づいたら、いつの間にか好きになっていた。
そんな恋もいいものだね。

11／15

もし自分自身に優しくなれなければ
いったい誰が優しくしてくれると
いうのでしょう？

――マヤ・アンジェロウ（詩人・作家）
1928-2014

If I am not good to myself, how can I expect anyone else to be good to me?

11／16

ニューヨークの「地下鉄セラピー」。
大統領選挙の後に誰かが心の中にある
複雑な思いを付箋に書いて駅の壁に貼ったら
またたく間に広がった。
批判や悪口ではなく、多くが愛の言葉である。

・違う人種や政党がお互いを
　傷つけ合うのではなく、お互いを愛し合おう
・愛を拡散していこう
・自分たちの生きている地球を愛そう
・ママを愛するように、
　みんなのことも愛してる
・嫌い合い、攻撃し合うのはやめよう

多民族多宗教の大都会で、
お互いを思いやる気持ちを大切にしようと
誰もが考えている。
ニューヨークは愛の街。

11／17

モミの木のいい香りに包まれた
クリスマスツリーショップ。
冬の香り、
ホリデーの香り、
懐かしい思い出の香り。

11／18

洋服は自分の着たいように
着ればいいのよ。
年齢や体型で枠にはめるなんて
馬鹿げてるわ。
大切なのは、自分自身が満足して
気持ち良く外を歩けるかどうかよ。

——サラ・ジェシカ・パーカー
（女優）

*"People should dress the way they want.
Any rules for age or shape are silly.
If you walk out the door feeling good about yourself, that's what counts."*

11／19

ホリデーシーズンの幕開けは
サンクスギビングからだけれど、
私の中では
ボジョレー・ヌーボーの解禁日から。
一足早くホリデーがやって来た気分。

11／20

初雪。
長くて寒い冬の始まりに胸が高なる。
雪の中のイルミネーションの
輝きがロマンチック。

11／21

生きることの極意は、与えることだ。

――トニー・ロビンズ
（作家・コーチ・起業家）

The secret to living is giving.

11／22

ひとりで生きていけるふたりが
それでも一緒にいるのが夫婦だと思う。

――ティファニーの広告より

11／23

自転車を降りて
押して歩いてね。
見える景色が変わってくる。

11／24

ロックフェラーセンターのクリスマスツリー。
高さ22mのモミの木に5万個の
LEDライトの取りつけが進んでいる。
民族・宗教・文化・風習関係なく、
誰もが点灯式を待ち望んでいる。

11／25

優しい「笑顔」は
思いやりの世界共通言語。

――ウィリアム・アーサー・ウォード
（作家）1921-1994

A warm smile is the universal language of kindness.

11／26

遠く離れた家族が集まり
一緒にターキーを食べて祝う
サンクスギビング。
食後のお楽しみは
「願いを叶えるウイッシュボーン」。
選ばれた二人が心の中で願い事をして、
ターキーの胸元からとれた
V字形の骨の端をそれぞれ持ち、
パキンと折る。
真ん中の骨がついてきた人の
願いが叶うという習わし。
毎年、家族みんなの笑顔があふれる時間。

11／27

サンクスギビングの翌日は
「ブラック フライデー」。
決して縁起の悪い金曜日ではなく
この日を境に赤字から
黒字に変わるので「ブラック」。
街中が黒の風船に包まれている。
私も朝一番に目当ての商品を買いに出かけた。

11／28

小さなことは本当に小さい。
でも、小さなことを真心を込めて
行うのは偉大なことなのです。

――マザー・テレサ（修道女）
1910-1997

Little things are indeed little, but to be faithful in little things is a great thing.

11／29

人生は素晴らしい。

Life is awesome.

11／30

優しさこそ
本当の強さだ。

——ジェームズ・ディーン（俳優）
1931-1955

Only the gentle are ever really strong.

12/1

Believe in the magic
of the season.

12/2

何事も成功するまでは
不可能に思えるものである。

――ネルソン・マンデラ（政治家）
1918-2013

It always seems impossible until it's done.

12／3

夢見ることができれば
それは実現できる。

――ウォルト・ディズニー
（アニメーター・プロデューサー）
1901-1966

If you can dream, you can do it.

12／4

今年自分につながってくれた
人たちに想いを寄せる。
人は苦しくなると周囲の力を頼りにし、
絶好調な時は自分だけの力だと
過信してしまうことがある。
そうなると、大切なつながりが
静かに消えてしまうから
いつも感謝を忘れずにいたい。

12/5

手の温もり、ほほ笑み、
優しい言葉、話し相手、
心からの褒め言葉、
ちょっとした思いやり……
いつもは誰も気に留めないけれど
その温かさが誰かの人生を
変えることもある。

――レオ・ブスカーリア（教育学者）
1924-1998

Too often we underestimate the power of a touch, a smile,
a kind word, a listening ear, an honest compliment,
or the smallest act of caring, all of which have the potential to turn a life around.

12/6

この世界で重要なことの多くは
まったく希望がなさそうに
思える時に挑戦し続けた
人々によって成し遂げられてきた。

――デール・カーネギー（作家）
1888-1955

Most of the important things in the world have been accomplished by people who have kept on trying when there seemed to be no hope at all.

12／7

ガラスの中に広がる美しい雪の世界。
見ているだけで心癒やされる。

12／8

あなたがさみしいのはなぜ？　独身だから？
友人からパーティーの招待がないから？

自分の持っていないものを嘆き悲しむ前に
今、自分の持っている幸せ、
目の前の幸せを確かめてみて。
きっとたくさんの幸せが見つかるから。

12/9

美術館はふらっと一人で出かけるのがいい。
自分のペースで心ゆくまで作品を観る。
こんな時間に感性は磨かれる。

12／10

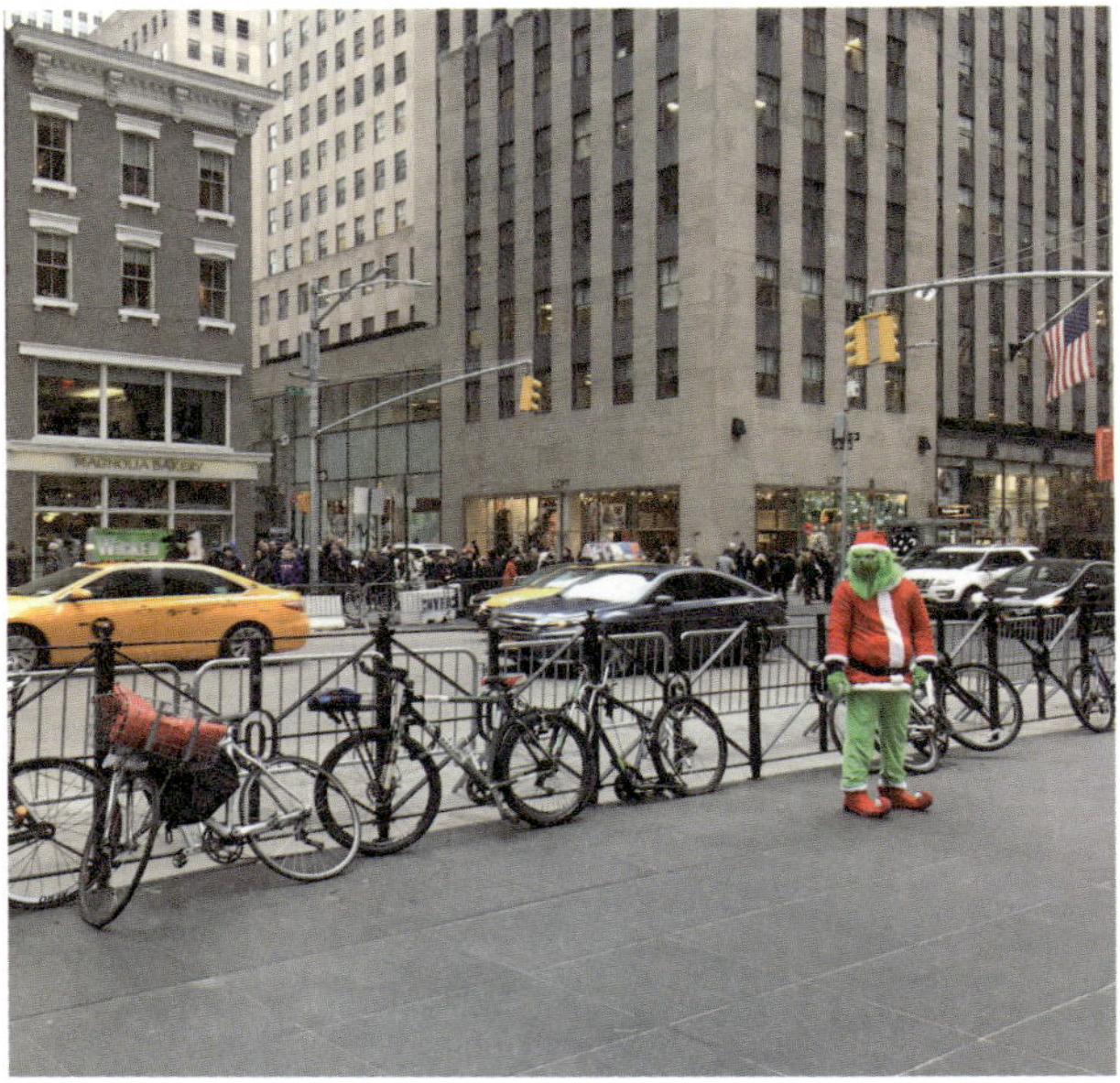

もし笑顔のない人を見かけたら
あなたの笑顔を与えてあげて。

――ドリー・パートン
（シンガーソングライター・女優）

If you see someone without a smile, give them yours.

12／11

ひとりきりのクリスマス。
自分にプレゼントを買い、
美味しいワインやオードブルを用意して
暖かい家でゆっくり過ごす。
大好きな映画を観たり、本を読んだり
ちょっぴり贅沢にシャンパンを
飲みながらバブルバスを楽しもう。
お肌のお手入れをいつも以上に念入りに
しながら特別に買ってきたスイーツを食べる。
こんな素敵な時間が夢じゃないなんて
最高だと思わない？

12／12

12月12日はニューヨークに舞い降りた
人生の記念日。これまでの歩みを振り返り、
労い、未来について考える日にしている。
それにしても、悲惨なことがたくさんあった。
アパートが火事になったり、
信頼していた人に裏切られたり、大切な商品
が輸送中に忽然と行方不明になったり、
発送センターから「100倍」の
値上げ通知が届いたり……。
でも、今、そんな散々な過去を
笑いながら話せる自分がいる。
辛いことは乗り越えられるようになっている。
「辛い」に1本足せば
「幸せ」という字になるように
あと1つ、あと1歩、あと少しの世界。
人生って複雑だけど、
ちゃんと回転するようになっている。

12／13

ピンクのバラの花束。
部屋が一気にゴージャスになった。
花びらが散ったら
クリスマスプレゼントの紙袋の中に入れて、
プレゼントと一緒にきらびやかな
気分をおすそわけ。

12／14

自分をもっと褒めてあげよう。
疲れた時は休ませてあげよう。
「あなたなら絶対できるよ」と
応援してあげよう。
自分を大切に生きるとは、
こんなことだと思う。

12／15

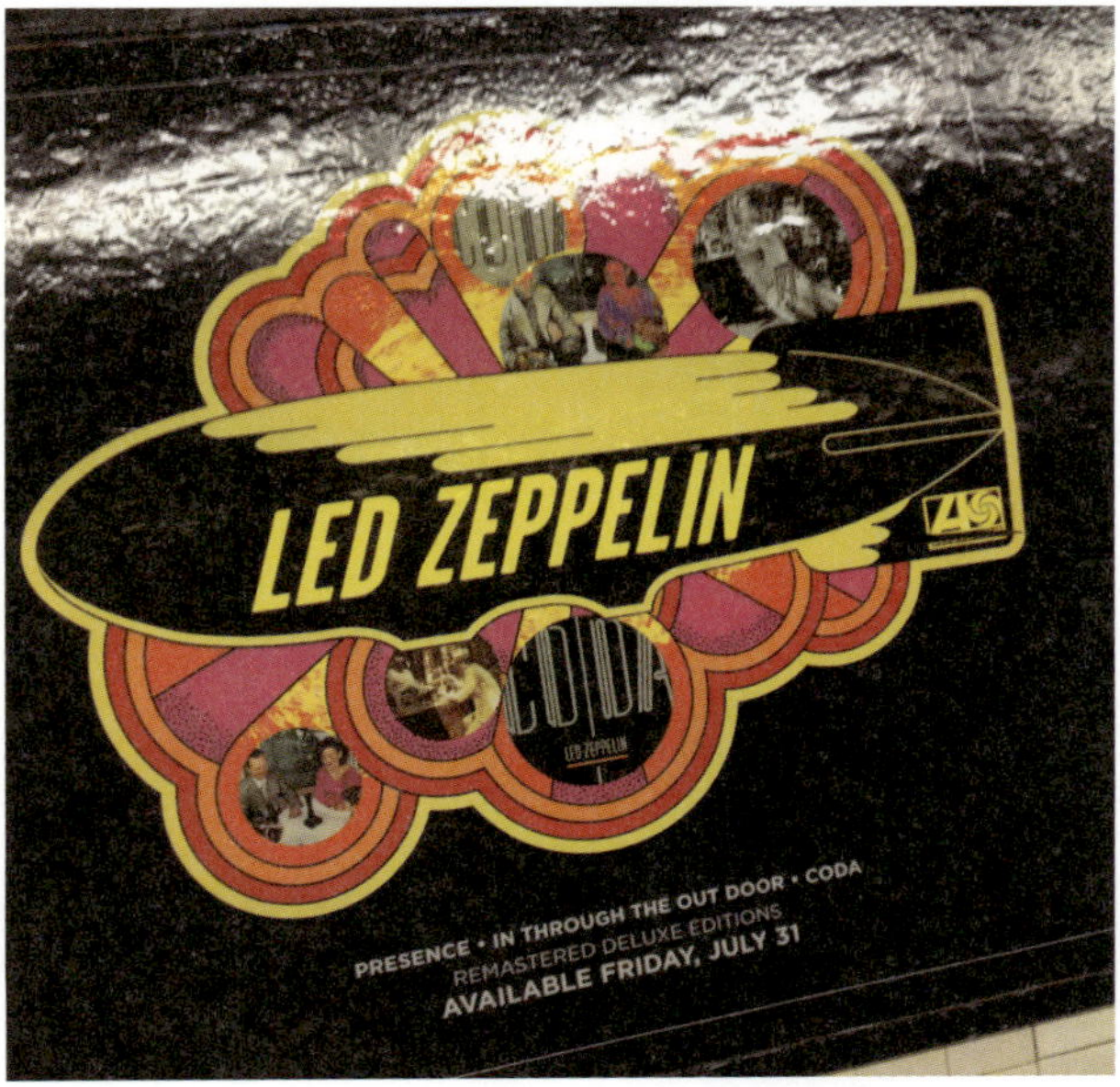

地下鉄のホームでレッド・ツェッペリンの
「天国への階段」のメロディーが
頭の中に流れてきた。
いい音楽は永遠に人々の中で生き続ける。

12／16

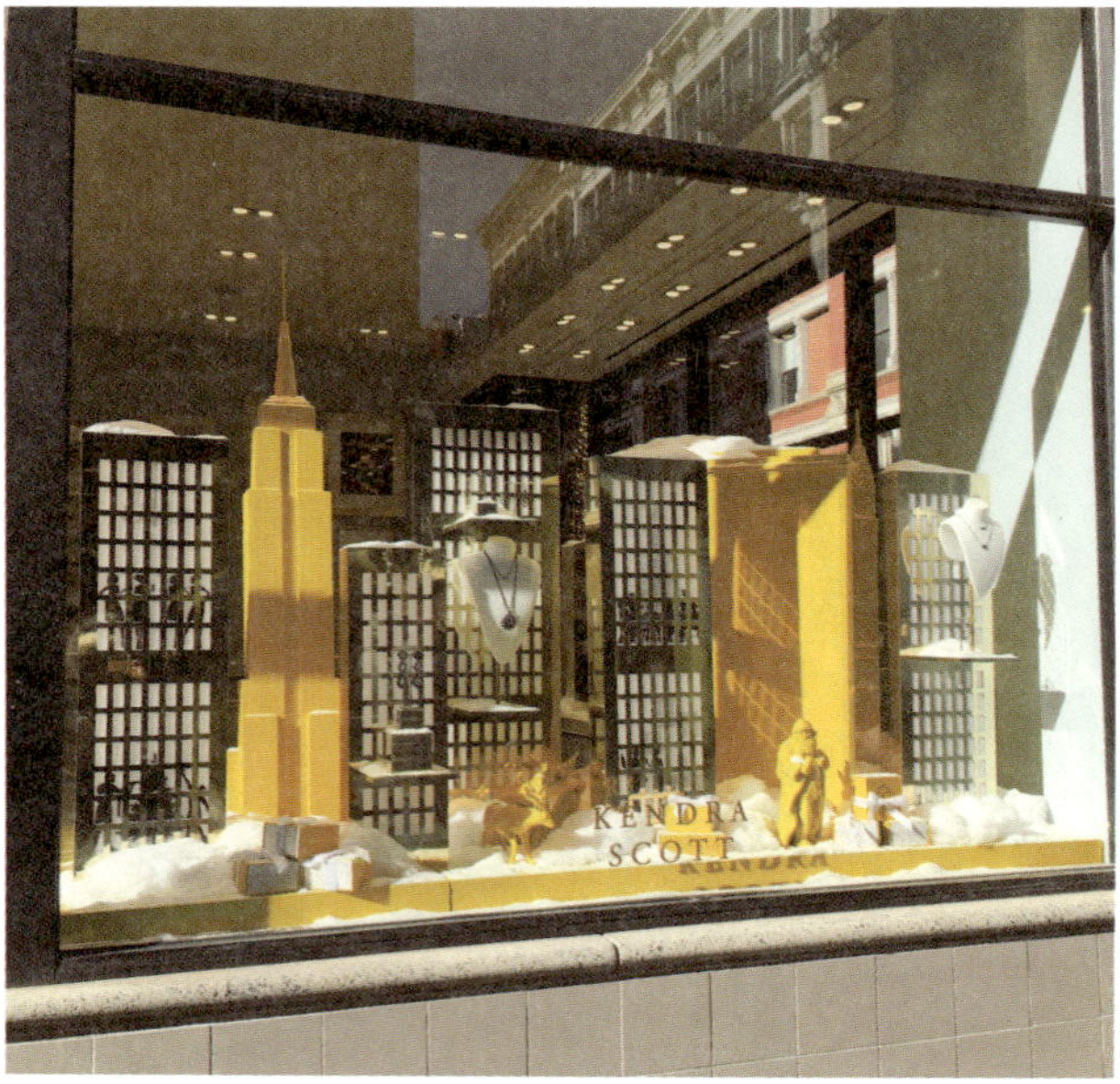

大切な人にホリデーカードを送ろう。
年賀状を兼ねるのも素敵なアイデア。
・Merry Christmas and Happy New Year
・Happy Holidays and Happy New Year
このように書いておけば、
新年の挨拶も含まれていると伝わる。

いつもと同じもいいけれど、
たまには違うのもまた楽しい。

12／17

もしあなたが自分の使命を
信じていなければ、
諦めることは簡単だ。
創業者の大多数は諦めてしまう。
しかし、最高の創業者たちは
諦めることはない。

――マーク・ザッカーバーグ
（フェイスブック　CEO）

If you don't believe in your mission, giving up is easy. The majority of founders give up. But the best founders don't give up.

12／18

排気口からモクモクと噴き上がる
スモークの中をタクシーが駆け抜けて行く
夜の5番街。

人影まばらな寒い夜に、
どこからか哀愁をおびたサックスの音色。
辺りを見渡し、ビルの片隅に彼を見つけた。
誰を想って吹いているのだろう……。
あまりに切なく甘美な音色に
寒さを忘れて聞き入った。

12／19

困難な道は、美しい目的地へと
導いてくれる。

——ジグ・ジグラー（作家）
1926-2012

A difficult road often leads to beautiful destination so keep going.

12／20

人は誰かが情熱をもって
打ち込んでいる姿に惹かれる。

——映画『ラ・ラ・ランド』より

People love what other people are passionate about.

12／21

今年1年頑張った自分へのご褒美。
何にしようかと考えているだけで幸せ。

12／22

今年も5番街の夜空に、
世界の子供たちの幸せを願う
「ユニセフの雪の結晶」が光り輝いている。
ニューヨークのきらめきは愛である。

12／23

クリスマスとは
普段よりも少し誰かのために
何かをしてあげること。

——チャールズ・M・シュルツ（漫画家）
1922-2000

Christmas is doing a little something extra for someone.

12／24

街中がキラキラ輝き
子供たちの笑い声が
辺りに満ちている。
そしてみんな歌っている。
ソリの鈴の音が聞こえるわ。
サンタさん、
私が本当に欲しいものを
持ってきてくれる？

――マライア・キャリー（歌手）
「All I Want for Christmas Is You」
の歌詞より

All the lights are shining so brightly everywhere
And the sound of children's laughter fills the air
And everyone is singing　I hear those sleigh bells ringing
Santa won't you bring me the one I really need?

12/25

May your Christmas be blessed with lots of love, fun, peace, joy and happiness.

12／26

リボンをほどかず、
ずっとこのまま眺めていたい。

12／27

すべての出来事には意味がある。
生きていくことは、
その意味を理解すること。

――スザンヌ・サマーズ
（女優・作家）

All events have a purpose. The job in life is to understand the meaning.

12／28

あなたの時間は有限だ。
だから
他人の人生を生きることに費やして、
それを無駄にしてはいけない。

――スティーブ・ジョブズ
（アップル社の創業者）
1955-2011

Your time is limited, so don't waste it living someone else's life.

12／29

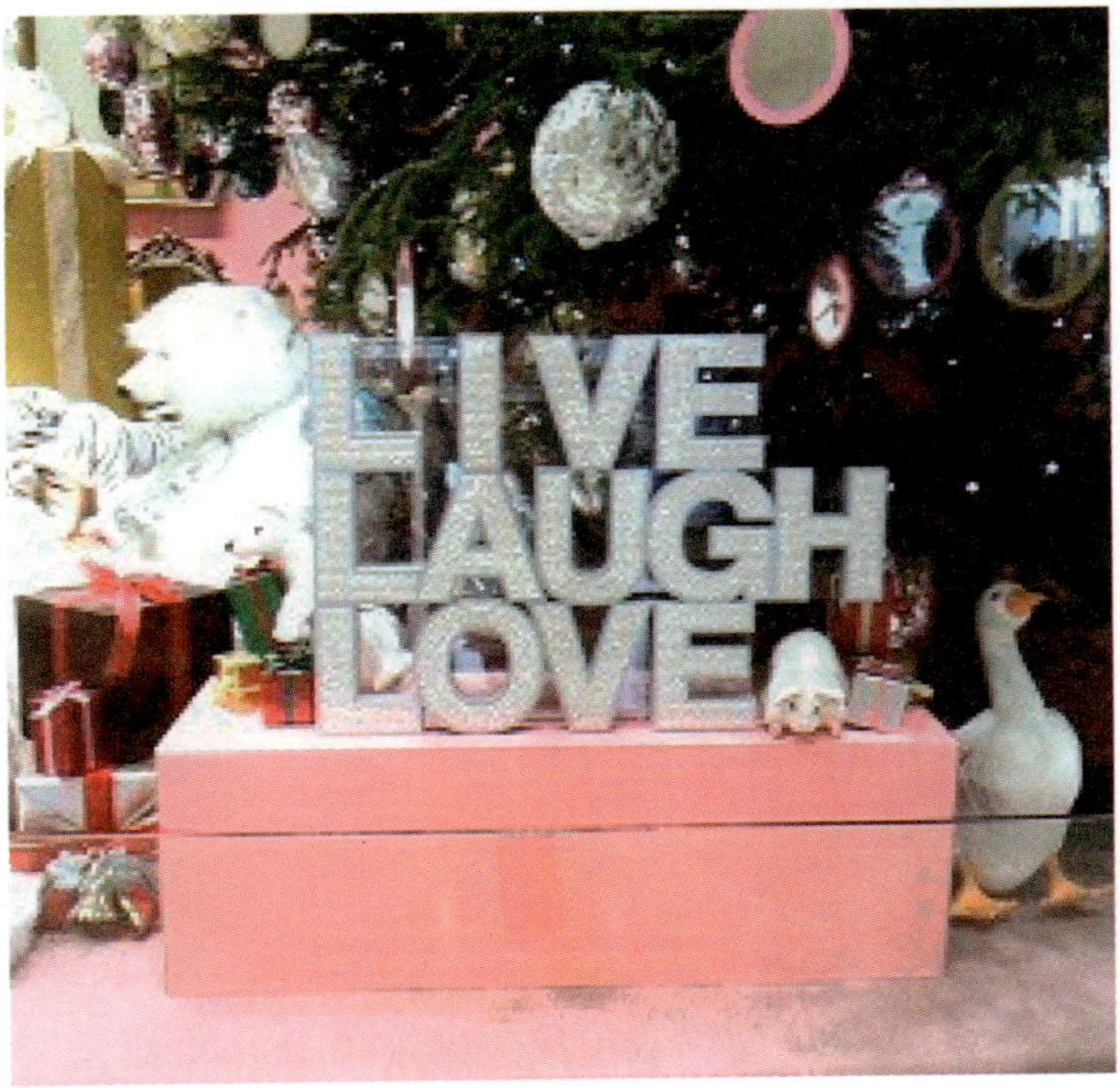

健やかに生き、
よく笑い、
たくさん愛そう。

Live well, Laugh often, Love much.

12／30

今夜はゆっくり
今年を振り返ろう。

12／31

来年も「365回の新しい1日」が
あなたを待っている。
365回の挑戦
365回のやり直し
365回のチャンス。
たくさん笑ってたくさん泣いて、
喜んだり怒ったり前向きになれる日
があれば、凹む日だってある。
これが人生。
これが生きているということ。
あなたはあなたのままでいい。
周囲と自分を比較したり
孤独を恐れたりせず
自分を認めて、自分を褒めて、
自分の幸せを自分で創っていこう。
来年もいい年になりますように。

Happy New Year's Eve.

1月 January

1/2 : Matt Theriault, *Do Over: why it will work now when it didn't work then.* AuthorHouse, 2010

1/6 : Fiona Robards, *What Makes You Happy?: How small changes can lead to big improvements in your life.* Exisle Publishing, 2015

1/8 : David DeFord, *1000 Brilliant Achievement Quotes.* Ordinary People Can Win!, 2004

1/14 : Dr. Purushothaman, *Quotes On Beauty.* Centre For Human Perfection, 2015

1/17 : "BrainyQuote" https://www.brainyquote.com/quotes/johann_wolfgang_von_goeth_150561

1/19 : "BrainyQuote" https://www.brainyquote.com/search_results?q=My+parents+always+told+me+I+could+be+anything+I+wanted+to+be.

1/21 : "BrainyQuote" https://www.brainyquote.com/authors/emmanuelle-chriqui-quotes

1/24 : Larry Chang, *Wisdom for the Soul: Five Millennia of Prescriptions for Spiritual Healing.* Gnosophia Publishers, 2006

1/26 : Tracy Friesen, *Ride the Waves: How to take control of your Life one emotion at a time.* FriesenPress, 2013

1/28 : John C. Maxwell, *Beyond Talent: Become Someone Who Gets Extraordinary Results.* HarperCollins Leadership; Reprint edition, 2011

2月 February

2/3 : 国際情勢研究会, *Steve Jobs speech 2「残りの人生も砂糖水を売ることに費やしたいのか?」 人生を変えるスティーブ・ジョブズの言葉 ～そのとき、彼は何を語ったか?～.* ゴマブックス, 2013

2/5 : Deidre Madsen, *Happily Inner After: A Guide to Getting and Keeping Your Knight in Shining Amour.* Balboa Press, 2015

2/7 : Ralph Waldo Emerson, *The Collected Works of Ralph Waldo Emerson: The Conduct of Life, Self-Reliance, Spiritual Laws, Nature, Representative Men, English Traits, Society and ... and Social Aims, The Man of Letters ....* Musaicum Books, 2018

2/12 : RAGHAV, *MOTIVATING THOUGHTS OF ABRAHAM LINCOLN.* Prabhat Prakashan, 2016

2/15 : John Lennon, Paul McCartney, et al., *All You Need Is Love.* Little Simon, 2019

2/18 : Jon Anthony Dosa, *Reel Life 2.0: 1,101 Classic Movie Lines that Teach Us About Life, Death, Love, Marriage, Anger, and Humor.* AuthorHouse, 2008

2/20 ：Daniel Coenn, *Mark Twain: His Words*. BookRix, 2014
2/23 ：Tracy Trivas, *The Wish Stealers*. Aladdin, 2011
2/24 ：Alessandra Cave, *Shooting with Soul: 44 Photography Exercises Exploring Life, Beauty and Self-Expression - From film to Smartphones, capture images using cameras from yesterday and today*. Quarry Books, 2013
2/28 ：STEVE JOBS, *MOTIVATING THOUGHTS OF STEVE JOBS*. Prabhat Prakashan, 2016

3月 March

3/1 ：Susan Perry, *Procrastination Elimination: Seven Days to Action!*. iUniverse, 2005
3/8 ：“BrainyQuote” https://www.brainyquote.com/quotes/george_bernard_shaw_109542
3/11 ：Carl Seaburg, *Great Occasions: Readings for the Celebration of Birth, Coming-Of-Age, Marriage, and Death*. Skinner House Books, 2003
3/13 ：Ann Atkins, *Eleanor Roosevelt ~ Unleashed: A life of Soul Searching and Self Discovery*. Flash History Press, 2011
3/20 ：Dr. Lateshia Woodley, *Issues of the Heart: Reflection Journal*. AuthorHouse, 2014
3/23 ：William Shakespeare, *The Complete Works of William Shakespeare (Wordsworth Special Editions)*. Wordsworth Editions Ltd; Revised edition, 1997
3/29 ：Andy Warhol, *The Philosophy of Andy Warhol (From A to B and Back Again)*. Harvest;, 1977

4月 April

4/3 ：ShelliMonet Newbolt, *Thinkoology*. Balboa Press, 2016
4/6 ：Ralph Waldo Emerson, *The Selected Works of Ralph Waldo Emerson*. Graphic Arts Books, 2012
4/7 ：Mike McClement, *Brilliant Self Confidence: How to challenge your fears and go for anything you want in life*. FT Press, 2013
4/9 ：Carol Nelson, *The New Road to Successful Advertising: How to Integrate Image and Response*. Bonus Books, 1991
4/12 ：L G Jillings, *Notes on Steppenwolf (YN) (York Notes)*. Pearson York Notes, 1981
4/17 ：Sapiens Hub, *Gandhi Quotes Collection*. Sapiens Hub, 2018

4/19 ："Quotefancy" https://quotefancy.com/quote/760947/Abraham-Lincoln-A-new-book-is-like-a-friend-that-I-have-yet-to-meet
4/25 ：Daniel Coenn, *F. Scott Fitzgerald: His Words.* BookRix, 2014
4/30 ：Anonymous, *Maxims of Washington: Political, Social, Moral and Religious.* Franklin Classics Trade Press, 2018

5月 May

5/2 ：Don Nardo, *The Blue Marble: How a Photograph Revealed Earth's Fragile Beauty (Captured World History).* Compass Point Books, 2014
5/6 ：Gary Guthrie, *1,600 Quotes & Pieces of Wisdom That Just Might Help You Out When You're Stuck in a Moment (and can't get out of it!).* iUniverse, Inc., 2003
5/9 ：Daniel Coenn, *Confucius: His Words.* BookRix, 2014
5/10 ：George Eliot, *The Complete Works of George Eliot.* Andesite Press, 2015
5/12 ：Dolin Bliss O'Shea and Daniel Castro, *Famous Frocks: The Little Black Dress: Patterns for 20 Garments Inspired by Fashion Icons.* Chronicle Books; Har/Unbnd edition, 2014
5/13 ：Francesc Miralles (Author), Julie Wark (Translator), *Love in Lowercase: A Novel.* Penguin Books, 2016
5/21 ：Jill Lublin, *The Profit of Kindness: How to Influence Others, Establish Trust, and Build Lasting Business Relationships.* Weiser, 2017
5/23 ："Esquire"https://www.esquire.com/jp/fashion/fashion-news/a26403213/karl-lagerfeld-death-190219/
5/25 ：Creflo Dollar, *Winning Over Negative Emotions: Section Three from Winning In Troubled Times.* FaithWords, 2010

6月 June

6/2 ：Emeka Mbegbu, *Understanding Marriage.* Partridge Publishing Africa, 2016
6/4 ：Deborah Francis and Hasheem Francis, *Built To Prosper For Women: The Principles of Self Mastery.* BTP Publishing Group, 2013
6/5 ："BrainyQuote" https://www.brainyquote.com/quotes/aristotle_138768
6/10 ：Adam Weishaupt, *Contra Mundum.* Lulu.com, 2016
6/13 ：Danielle Stewart, *Not Just an Echo: Piper Anderson Legacy Mystery (Volume 3).* 2017
6/14 ：James Egan, *3000 Astounding Quotes.* Lulu.com, 2019

6/15 ：Freeman-Smith LLC, *Five Minutes in the Morning: Daily Devotions for Women.* Howard Books, 2017

6/17 ：Sohrab P Godrej, *Abundant living, restless striving: A memoir.* Viking, 2001

6/21 ：George Herbert, *The English Poems of George Herbert.* Rivingtons, 1871

6/22 ："BrainyQuote" https://www.brainyquote.com/quotes/penelope_cruz_465835

6/27 ：Mary Kay Ash, *The Mary Kay Way: Timeless Principles from America's Greatest Woman Entrepreneur.* Wiley, 2008

7月 July

7/1 ：John Burroughs, *John Burroughs' America: Selections from the Writings of the Naturalist.* Dover Publications, 1997

7/2 ：Joji Valli, *Hearts on Fire (HeartSpeaks Book 1).* GA&P ePublishing, 2011

7/6 ：Roy L. Brooks, *When Sorry Isn't Enough: The Controversy Over Apologies and Reparations for Human Injustice (Critical America).* NYU Press, 1999

7/9 ：Diann Pass, *Lessons in Living and Dying: Reflections on a Life Well Lived.* WestBow Press, 2015

7/11 ：Alexandra Massey, *Life's A Beach: Keep that holiday feeling all year round.* Virgin Digital, 2008

7/15 ：James Egan, *3000 Astounding Quotes.* Lulu.com, 2019

7/19 ：Daniel Coenn, *Plato: His Words.* BookRix, 2014

7/22 ：Fiona Farrell, *Light Readings.* Random House New Zealand, 2015

7/26 ：Ruth Fishel, *Wrinkles Don't Hurt: Daily Meditations on the Joy of Aging Mindfully.* Health Communications Inc, 2011

7/28 ：Randy Cohen, *Secrets of Swagger: How to Own Your Cool in Life and Business.* Greenleaf Book Group Press, 2016

7/30 ：Dale Carnegie, Andrew MacMillan, et al., *How to Stop Worrying and Start Living: Time-Tested Methods for Conquering Worry.* Simon & Schuster Audio, 2007

8月 August

8/4 ：John C. Maxwell, *Make Today Count: The Secret of Your Success Is Determined by Your Daily Agenda.* Center Street, 2008

8/6 ：Andy Zubko, *Treasury of Spiritual Wisdom: A Collection of 10,000 Powerful Quotations for Transforming.* Motilal Banarsidass, 2000

8/7 ："名言＋Quotes"https://meigen-ijin.com/suzanne-somers/

8/9 : D. B. Clark, *Clever Quotes From Ancient Throats.* Lulu.com; null edition, 2004
8/13 : Arthur Austen Douglas, *250 Dr. Seuss Quotes.* UB Tech, 2016
8/14 : David Mutchler, *Lessons for Living Beyond the Ego: Sustaining Your Journey to Love, Joy, and Peace.* Balboa Press, 2012
8/16 : Mark Twain, *Pudd'nhead Wilson.* Digireads.com Publishing, 2017
8/19 : Aria Campbell-Danesh and Seth J. Gillihan PhD, *A Mindful Year: 365 Ways to Find Connection and the Sacred in Everyday Life.* Blackstone Publishing; Unabridged edition, 2019
8/20 : Ivan Fernandez, *Think Like Warren Buffett: Top 30 Life and Business Lessons from Warren Buffett.* Important Publishing, 2019
8/21 : James R. Lewis, *The Dream Encyclopedia.* Gale / Cengage Learning, 1995
8/25 : Katie Hurley LCSW, *The Happy Kid Handbook: How to Raise Joyful Children in a Stressful World.* TarcherPerigee, 2015

9月 September

9/3 : Mamutty Chola, *Pearls of Wisdom.* WorditCDE, 2019
9/8 : William Shakespeare , Dr. Barbara A. Mowat, et al., *Macbeth (Folger Shakespeare Library).* Simon & Schuster, 2003
9/10 : Daniel Coenn, *George Eliot: Quotes.* BookRix, 2014
9/11 : Irwin Abrams and Jimmy Carter, *The Words of Peace: Selections from the Speeches of the Winners of the Nobel Peace Prize (Newmarket Words Of... Series).* Newmarket Press; Revised edition, 1990
9/16 : Norman Vincent Peale, *Norman Vincent Peale: Words That Inspired Him.* Bbs Pub Corp, 1994
9/18 : Cliff Ricketts, John Ricketts, *Leadership: Personal Development and Career Success 3rd Edition.* Cengage Learning, 2010
9/20 : Mamutty Chola, *Pearls of Wisdom.* WorditCDE, 2019
9/21 : Laura Shapiro, *Julia Child (Penguin Lives).* Viking, 2007
9/25 : Mamutty Chola, *Pearls of Wisdom.* WorditCDE, 2019
9/26 : Alexandrew Lee, *Perceptive Power with AAA Neutral.* Balboa Press, 2013
9/27 : "Quotefancy" https://quotefancy.com/quote/1302039/Christian-Louboutin-Shoes-transform-your-body-language-and-attitude-They-lift-you

10月 October

10/4 : Charlamagne Tha God, *Black Privilege: Opportunity Comes to Those Who Create It.* Atria Books, 2017

10/6 ：Colin C. Jewitt, *E=LT2.* Xulon Press, 2002
10/9 ：M.I. Seka, *Life Lessons of Wisdom and Motivation: Insightful, Enlightened and Inspirational quotations and proverbs. (Volume 3).* CreateSpace Independent Publishing Platform, 2014
10/12：Christopher Columbus, Edward Everett Hale, *The Life of Christopher Columbus.* Musaicum Books, 2018
10/14：Elise Noble, *Possessed (The Electi Series Book 3).* Undercover Publishing Limited, 2019
10/15：Lina Betancur,Shaila Arana, *Secrets of the Zen Business Warrior: 7 Steps to Grow your Business, Feel Excited, and Stay Motivated.* Morgan James Publishing, 2019
10/23：“心の常備薬”medicines.aquaorbis.net/meigen/kaigai/geinou-e/elvis-presley/2
10/24：Germain Decelles, *Change Your Future, Now!.* WebTech Management and Publishing incorporated, 2013
10/25：松下幸之助, *松下幸之助成功の金言*. PHP研究所, 2010

11月　November

11/1 ：Mark Twain, *Bite-Size Twain: Wit and Wisdom from the Literary Legend.* St. Martin's Press, 2015
11/3 ：Melanie Young, *Follow Your Dreams.* Melanie young, 2013
11/8 ：Charles M. Schulz, *The philosophy of Snoopy.* Running Press Adult, 2018
11/11：Mohammad A. Quayum, *Saul Bellow and American Transcendentalism (Twentieth-Century American Jewish Writers).* Peter Lang Inc., International Academic Publishers, 2004
11/15：Dr. Mariza Snyder, *The Essential Oils Hormone Solution: Reclaim Your Energy and Focus and Lose Weight Naturally.* Rodale Books, 2019
11/18：“HELLO BEAUTIFUL” https://hellobeautiful.com/playlist/sarah-jessica-parker-fashion-quotes/
11/21：Anthony Robbins, *Unlimited Power.* Simon & Schuster, 1986
11/25：Jan Sutton, *1000 Pocket Positives: Inspiring quotations to enlighten, refresh and uplift.* How To Books, 2003
11/28：Joshua Stone, *The Full Spectrum Synthesis Bible: Wisdom Quotes of the Masters of All Religions and Spiritual Paths!.* iUniverse, 2001
11/30：Keith Elliot Greenberg, *Too Fast to Live, Too Young to Die: James Dean's Final Hours.* Applause Theatre & Cinema Books, 2015

12月 December

12/2 ：The Editors of LIFE, *LIFE Nelson Mandela: A Life of Courage.* Liberty Street, 2018

12/3 ：Shed Simove, *Ideas Man.* Transworld Digital, 2009

12/5 ：Matt Sorger, *Power for Life: Keys to a Life Marked by the Presence of God.* Charisma House, 2011

12/6 ：Robia Scott, *Counterfeit Comforts: Freedom from the Imposters That Keep You from True Peace, Purpose and Passion.* Chosen Books, 2016

12/10：Lauren Marino, *What Would Dolly Do?: How to Be a Diamond in a Rhinestone World.* Grand Central Publishing, 2018

12/17：“BrainyQuote”https://www.brainyquote.com/quotes/mark_zuckerberg_739583

12/19：Kanika Sinha, *Universal Power of Alphabetical Series: A Self-Guide Workbook to Innovate Your Ordinary Self into X–Ordinary Self.* Xlibris US, 2019

12/23：Chris Erskine, *Daditude: The Joys & Absurdities of Modern Fatherhood.* Prospect Park Books, 2018

12/27：“名言＋Quotes”https://meigen-ijin.com/suzanne-somers/

12/28：Nick Marson, *Leading by Coaching: How to deliver impactful change one conversation at a time.* Palgrave Macmillan, 2019

おわりに

早いもので本を書き始めて5年半の歳月が流れました。この間、読者のみなさまからたくさんの温かいメッセージをいただきました。

ありがとうございます。

私がニューヨーク生活で感じることのひとつに「人生はほんの小さな勇気で広がっていく」ということがあります。

勇気を出して挨拶した、電話をした、メールを書いた、パーティーに出席した、微笑んだ、手助けを申し出た……。

小さな勇気が自分の背中を優しく押し、1歩踏み出せたことで何か小さなことにつながり、歯車がプラスに回転し始めることが多々あります。

私のこれまでの人生を振り返ってみても、すべては小さな勇気から始まりました。

たとえば本を書くことになったのも、勇気が自分の私を押したからです。出版社さんから声をかけられて始まったのではなく、何の知識も経験もコネクションもないにもかかわらず自ら出版業界の扉を「トン、トン」とたたきました。

1歩を踏み出すことができなければ人生は縮んでいきます。自分の可能性を自分で狭めてしまうなんてもったいないですよね。

勇気は思慮深さや自分を信じる力を磨いてくれます。そして優しさや愛情を育んでくれます。本書が少しでもそんなお役に立てれば嬉しいです。

最後に、いつも見守ってくれる私の父と母、そして6作目の『ニューヨークで学んだ「人生を楽しむ」121のヒント』に続き、12作目となる本書も一緒に作り上げて下さったCCCメディアハウスの大渕薫子さん、本当にありがとうございました。心からお礼申し上げます。

また、本書を最後までお読みくださったみなさま、いつも私を応援してくださっているみなさまに、心からの感謝を込めて。

2019年冬　　ニューヨークにて　　エリカ

写真・文　エリカ　Erica Miyasaka

世界一生きるのが厳しい街と言われるニューヨークで、夢の実現に向け、強く美しく生きる起業家。日系、外資系企業にてビジネスの土台を築き、2003年に単身ニューヨークへ。ファッションコンサルタントのパートナーとして仕事に携わりながら、自分らしく自分の人生を生きる大切さを学ぶ。2010年、ニューヨークで起業。新機能レッグウエアを開発、日米にて意匠権3つを取得しグローバル展開を果たす。2017年、ブランドを売却しエグジットを成し遂げる。起業家として次なる事業の立ち上げに着手している。『ニューヨークの女性の「強く美しく」生きる方法』（大和書房）など著書多数。

デザイン　眞柄花穂 (Yoshi-des.)
編集協力　神田めぐみ

TODAY IS A NEW DAY!
ニューヨークで見つけた「1歩踏み出す力をくれる」365日の言葉

2019年12月3日　初　版
2025年2月21日　初版第6刷

著者　エリカ
発行者　菅沼博道
発行所　株式会社 CCCメディアハウス
〒141-8205 東京都品川区上大崎3丁目1番1号
電話　049-293-9553 (販売)　03-5436-5735 (編集)
http://books.cccmh.co.jp

印刷・製本　株式会社新藤慶昌堂

ISBN978-4-484-19238-3